智慧交通基础设施系列丛书

智能铺面技术新进展

SMART PAVEMENT
STATE-OF-THE-ART AND FUTURE PERSPECTIVES

赵鸿铎　朱兴一　刘伯莹　等　主编

人民交通出版社股份有限公司
China Communications Press Co.,Ltd.

图书在版编目（CIP）数据

智能铺面技术新进展 / 赵鸿铎等主编. —北京：人民交通出版社股份有限公司，2019.5
ISBN 978-7-114-15240-5

Ⅰ.①智… Ⅱ.①赵… Ⅲ.①智能技术—应用—路面—道路工程 Ⅳ.①U416.2-39

中国版本图书馆CIP数据核字（2018）第288964号

智慧交通基础设施系列丛书
书　　名：智能铺面技术新进展
著 作 者：赵鸿铎　朱兴一　刘伯莹　等
责任编辑：李　瑞
责任校对：刘　芹
责任印刷：张　凯
出版发行：人民交通出版社股份有限公司
地　　址：（100011）北京市朝阳区安定门外外馆斜街3号
网　　址：http://www.ccpress.com.cn
销售电话：（010）59757973
总 经 销：人民交通出版社股份有限公司发行部
经　　销：各地新华书店
印　　刷：北京鑫正大印刷有限公司
开　　本：720×960　1/16
印　　张：11
字　　数：155千
版　　次：2019年3月　第1版
印　　次：2019年10月　第2次印刷
书　　号：ISBN 978-7-114-15240-5
定　　价：50.00元

（有印刷、装订质量问题的图书由本公司负责调换）

序
FOREWORD

  交通运输系统在国民经济的发展中具有前导性和基础性作用。党的十九大报告已经明确提出了建设"交通强国"的国家战略。作为智慧城市不可或缺的组成部分，交通运输系统正持续走向智能化。智能交通工具、智能交通基础设施、智能运控、智能服务是保障旅客流、物流、信息流、资本流和能源流在交通运输系统中无滞运行的重要手段。而在智能交通基础设施中，智能铺面是其重要的组成部分，已经成为交通智能化发展的新内容和趋势。

  为满足新一代智能交通基础设施对系统高效、结构长寿、全时安全、出行舒适的需求，具备主动感知、自动辨析、自主适应、动态交互、持续供能等功能的"智能铺面"应运而生。近年来，国内外开发了智能试验道路，如美国的VTTI智能道路、英国的WIFI路面、以色列的压电路面、欧洲的永久开放道路等，但各类技术尚处于起步阶段。同济大学交通运输工程学院"智能铺面研究团队"自2009年起尝试从规划、设计、建造、维修、运管、服务等多角度对智能铺面进行理论与技术研究。于2012年支撑浦东国际机场建成了智能跑道感知系统，于2017年成功合作研发了承压式光伏路面并建成了世界首个光伏高速公路试验段。此外，研究团队率先提出"铺面对多目标"（P2X，即Pavement to Everything）、基于"人－车－路－环境一体化"的全寿命TIM^4信息管理模型（Transportation Information

Modelling)、"全息智联交通系统"等概念,为推动我国公路基础设施的升级换代、适配智能网联和自动驾驶汽车这一载运工具革新积累了一定的技术储备。

  本书集合了同济大学交通运输工程学院"智能铺面研究团队"最新的研究成果。开篇从智能铺面技术背景以及智能铺面的内涵与架构展开,随后分别介绍研究团队对主动感知、自动处理、自我适应、动态交互、持续供能等智能化技术方面的理解及研究进展,以及在智能铺面的设计、建造、维护、运管、服务等方面所做的一些探索性工作,最后阐述了对"智能铺面"未来发展的思考。

  智能铺面技术是一个复杂的系统,国内外都尚未有成熟的技术体系,其进一步发展必然涉及交通、管理、汽车、信息、土木、材料等学科间的交叉融合。因此,本书仅抛砖引玉,希望能联合国内外优势力量,对智能铺面技术进行协调研究,以保障智能铺面技术的创新及其产业化的有序、健康、快速发展。

作 者

2018 年 12 月

目 录
CONTENTS

1 智能铺面技术背景 **001**
    1.1 技术需求与意义 001
    1.2 研究现状概述 003
    1.3 关键技术 008
    本章参考文献 008

2 智能铺面的内涵与架构 **010**
    2.1 智能铺面的内涵 011
    2.2 智能铺面的特征 012
    2.3 智能铺面的架构 016
    2.4 智能铺面的实现途径 019
    本章参考文献 020

3 铺面性状的主动感知技术 **021**
    3.1 铺面状态感知技术 021
    3.2 铺面性能感知技术 030
    3.3 交通流感知 033

3.4　外部环境感知 036

　　3.5　铺面行为感知 040

　　本章参考文献 041

4　铺面性状的自评估与诊断技术 045

　　4.1　基于导电性能的铺面材料性状检测技术 045

　　4.2　基于分布式光纤的路面结构性能浸入式感知技术 047

　　4.3　基于振动信号解析的路面表观性状检测技术 048

　　4.4　基于多元数据的铺面性状平台构建与分析技术 050

　　本章参考文献 052

5　铺面性状的自主适应技术 055

　　5.1　铺面的湿温自调控技术 055

　　5.2　铺面损伤的自修复技术 058

　　5.3　铺面的快速排水技术 061

　　5.4　铺面自动融雪化冰技术 065

　　5.5　铺面自清洁技术 068

　　5.6　铺面智能新材料技术 069

　　5.7　铺面材料精准再生技术 074

　　本章参考文献 078

6　铺面信息的动态交互技术 081

　　6.1　铺面使用者的信息交互 081

CONTENTS 目 录

  6.2 铺面与车辆的信息交互 083

  6.3 铺面与管理者的信息交互 084

  本章参考文献 086

7 智能铺面的持续供能技术 088

  7.1 铺面设施的持续供能策略 088

  7.2 道路能量收集技术 089

  7.3 道路绿色能量综合利用 091

  本章参考文献 094

8 面向智能网联车与主动安全的智能铺面技术 095

  8.1 基于铺面感知的车辆导引技术 095

  8.2 瞬态抗滑能力评判与预警技术 099

  8.3 车辆行驶轨迹监测与预警技术 101

  8.4 交通事件的捕获与回溯技术 103

  8.5 舒适度导向的网联车速度预控技术 104

  8.6 铺面的智能无线充电技术 107

  8.7 基于铺面感知的交通控制与诱导技术 108

  8.8 车路一体化风险评估与预警技术 112

  本章参考文献 117

9 智能铺面的建造与管理技术 121

  9.1 智能型铺面结构及设计方法 121

9.2　智能铺面建养的 BIM 技术 123

9.3　智能铺面的工业化装配技术 126

9.4　德国地毯式铺装材料及工艺 129

9.5　智能铺面的 3D 打印技术 133

9.6　智能铺面的全寿命管理技术 137

9.7　基于养护的智能铺面技术 140

本章参考文献 142

10　智能铺面的生态与环境 146

10.1　智能铺面的主动减振降噪技术 146

10.2　智能铺面的粉尘抑制技术 148

10.3　智能铺面的低碳化技术 150

10.4　智能铺面的汽车尾气主动降解技术 153

10.5　面向智能铺面的固废主动消化技术 155

10.6　智能铺面的雨洪及水污染主动控制技术 159

本章参考文献 162

11　讨论与展望 165

智能铺面技术背景

1.1 技术需求与意义

全球已经进入智能化技术快速发展的时代，智慧城市、智能汽车、智能机器人、智能制造、人工智能等技术正逐步影响、改变、提升公众的生活。作为国民经济发展的命脉，交通运输系统也正在走向智能化，并成为智慧城市、智慧地球不可或缺的组成部分。

未来的交通运输系统将朝着"零伤害、零延误、零维护、零排放、零失效"的"五维趋零"理想系统发展（图1-1）。在这个发展进程中，智能网联、智慧共享、耐久安全和绿色生态将成为重要的特征和技术途径。国际上，智能交通系统从提出到实践，以及到现在内涵的不断拓展和升级，已经成为了推动交通运输系统发展的重要力量。近年来，智能网联汽车的概念已经明晰，相关产品不断出现，智能网联汽车已经开始从概念走向现实服务。同时，在交通基础设施上安装安全、导引、交互等相关的通

刘伯莹 博士

中国交通建设集团有限公司，教授级高工
电子邮箱：boyingliu@vip.sina.com
主要从事铺面技术和BIM技术应用研究。

信和附属设施，作为智能交通、飞机助航等的组成部分，已得到较多的关注和应用。然而，为了达到未来理想交通的"五维趋零"目标，单靠车辆的智能化、交通运行管理的智能化，还不能完全解决问题，需要从整体的角度来审视交通运输系统中"人–车–路–环境"的各个组成部分。因此，交通基础设施本身的智能化，"人–车–路–环境"之间的智能互联交互，将成为智能网联车、智能交通之外交通运输系统智能化进程中新的增长点和支撑点。

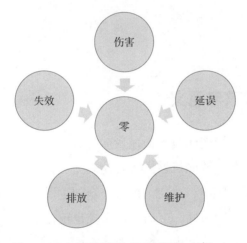

图1-1　未来交通系统的"五维趋零"目标

　　铺面是交通运输系统中核心基础设施，包括公路和城市道路的路面、机场场道的道面、港口码头等的堆场铺装，以及各类非机动车道和人行道铺面，在广义的定义中甚至把轨道也作为铺面的一种类型。铺面最基本的功能是为交通工具、行人和货物等提供安全可靠的运行或堆放平台，需满足功能（全天候服务、安全、舒适）、结构（足够的承载力和耐久性）、经济（全寿命成本低）、环境（低噪声、环保和景观等）等要求。铺面作为"人–车–路–环境"的重要组成部分，为适应未来交通运输系统的发展，其智能化趋势已经不可避免。然而，几百年来，传统铺面技术要求并没有发生革命性变化，面对未来智能互联、智能交互的要求，传统铺面的结构形式、建造方法和管理模式都呈现出很大的局限性。因此，改变传统铺面的结构和材料组成，打造全新的具有智能能力的铺面设施，已经成为全新的研究课题和发展趋势。智能铺面的打造，将为实现车路协同、车辆联网、主动安全等带来新的解决方案和保障，意义深远。

1.2 研究现状概述

国际上对智能铺面尚无明确的定义。美国 VTTI 的智能道路、美国 WPI 和以色列海法理工大学的具有能量收集能力的铺面、英国装有 WIFI 的铺面、国内外的铺面自动监测系统等，都尝试从概念上描述智能铺面。但这些成果主要提出了铺面所具有的某一方面的智能能力，并未给出全面、系统的智能铺面定义。目前，国际上将自修复铺面、导电铺面、自融雪化冰铺面、降噪铺面等界定为具有某一功能的功能性铺面，本质上这些功能也属于智能铺面智能能力的一种体现。

1.2.1 国外研究现状

20 世纪中期至 21 世纪初，国外开始对铺面除了承受荷载作用外的一些功能开展相关的研究。

在智能铺面内涵与架构方面，2008 年欧洲数个国家依托 FEHRL 提出了"第五代道路"计划，又称作永久开放道路（Forever Open Road）[1]。该计划基于前四代道路，提出了第五代道路的设想，旨在达到自适应、自动化和环境韧性三大目标，以保证欧洲未来道路的高效运行，促进欧洲经济的可持续发展。该系统包括路面质量监测、能量收集、信息交互、绿色环保及自动化等相关设施和材料，以及快速、经济的道路设计、建设和维护方法等。该项目提出了一个较为完整的新一代道路框架体系，确定了新一代道路的服务领域及相关功能，也结合了欧洲各国在子功能方向上的研究成果。目前正在进行自适应、自动化、环境韧性道路的相关专业技术的研发。永久开放道路（Forever Open Road）也是国际上第一次对"智能道路"的概念做出初步的定义和规划。其道路结构概念如图 1-2[1] 所示。

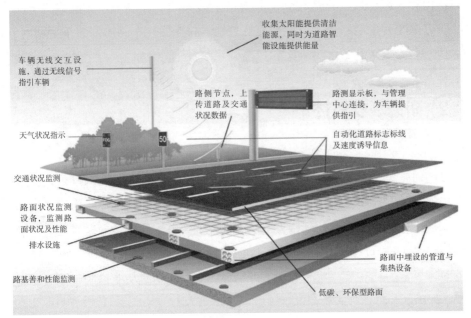

图 1-2 永久开放道路（Forever Open Road）示意图

在铺面信息感知方面，国外基本上以温度、湿度和应变的监测为主，如 Dynatest、UIUC、CTL、基康、拜安等都对应变计、多点位移计等进行了许多研究并研发出相关产品。美国的 FAA 曾在 20 世纪 90 年代依托丹佛机场建成国际上首个道面状态监测系统，在距离跑道入口 122m 处设置道面信息监测试验段，以捕捉飞机滑行状态下的道面响应为主要目的，埋设了动态应变计、多点位移计、地震仪等三种传感器，并于跑道两侧架设了 7 对红外探测仪用以收集飞机交通信息[2]。Imad Al-Qadi 等[3]总结了铺面内部状态信息监测的方法，并重点对埋入式沥青传感器，包括应变计、位移计、应力计和检波器进行了评价。以弗吉尼亚"Smart Road"试验段（1995年）为依托，利用多种线弹性模型对比分析了沥青传感器实测值与预测值的区别，论证了沥青传感器的可靠性，为柔性铺面状态监测提供了数据支撑[4]。在意大利利亚里埃尔玛斯机场（2010 年），Imad Al-Qadi 在跑道瞄准点位置选取一块试验段，能够同时捕捉飞机起飞、着陆和滑行状态下的道面状态信息，埋设了应变计、位移计、温度计等五种埋入式沥青传感器，介绍了适用于机场柔性道面的传感器安装方法[5]。

在铺面主动适应方面，目前国外较为深入研究了沥青铺面自愈合和自动融冰雪技术。荷兰的代尔夫特理工大学于20世纪初[6]进行了沥青混凝土裂缝自愈合的初步研究，采用微胶囊的方式，用多孔沙作为再生剂的载体，环氧树脂和水泥混合形成胶囊壁，旨在通过含有再生剂的微胶囊自动修复道路的裂缝。但该项研究仅分析了胶囊的物理力学性能，而对于实际的裂缝修复效果并不明朗。20世纪90年代起，加拿大、荷兰等对导电混凝土材料（含有碳纤维水泥复合材料或钢纤维）用于路面融雪化冰的有效性进行了研究[7]，并对导电混凝土的力学性能和导电性进行了试验，为导电混凝土复合材料的制备提供了重要指导。美国凯斯西储大学于1998年研究了一种通过压电换能装置智能化监测路面结冰状况的方法，提出采用微处理器监测压电换能装置的共振频率来监测路面的结冰状况[8]。美国于1999年总结了近30年来各种路面融冰方法，包括化学法、地热管法、电热丝法等之后，开展了利用钢纤维钢屑混凝土的导电性以及关于桥梁铺装除冰的研究。比利时道路研究中心于2006年对道路环境自清洁进行了研究，通过在道路路面中掺入二氧化钛、光触媒等催化剂分解汽车尾气，并对自清洁的效果进行了相关试验[9]。

在铺面能量收集方面，随着清洁能源收集技术的发展，国外相关研究人员开始对路域能量收集及其利用进行研究和测试。日本于2006年研发了一套路面太阳能收集系统[10]，在路面中埋设管道，冷水通过管道时在路面中被加热，通过在路侧设置的热电转换装置收集电能。以色列Innowattech公司于2008年宣布研制出一种基于压电换能结构的路面机械能收集系统，能将路面车辆的机械能转换为电能并加以收集[11]。美国俄勒冈州于2008年在一条高速公路路侧安装了598块太阳能板，以收集路侧的太阳能，州政府正准备将这些道路路侧收集的太阳能输入到电网中，以收回投资成本。近年来，美国、法国分别对光伏路面进行了试验研究[12]，并修筑了试验段。

1.2.2 国内研究现状

相比国外,国内的研究起步相对较晚。基本在 21 世纪才开始逐渐展开道路功能化和性能监测的研究,且大多仅针对道路的某个独立功能。

在智能铺面内涵与架构方面,2015 年同济大学尝试提出智能道路的概念与技术框架,但主要从道路设施本身的角度出发,未能系统考虑与智能网联车等的紧密结合。

在铺面信息感知方面,哈尔滨工业大学欧进萍院士自主研发了铺面光纤光栅应变计,以及温度传感器、压电薄膜、应变和裂缝监测传感器等智能器件,在桥梁、大坝及大跨结构工程中得到了应用[13]。哈尔滨工业大学针对已开发的两种不同模量应变计,设计了应变计与沥青混合料协同变形评价的试验方法,采用静态和动态两种加载模式进行沥青混合料试件的应变测试[14]。东南大学等研究了一种基于多频电容识别道路路面干湿状况的传感器系统,旨在辨识道路表面干燥、潮湿、结冰和积雪等环境条件,并设计了多频电容的充放电模块以及通信模块[15]。南京大学等先后进行了边坡变形的分布式光纤监测模拟试验研究,采用布里渊散射光时域反射测量技术(BOTDR),分析了用光纤监测边坡土体变形状况的效果,分别将光纤布设在土工格栅和土工布中初步验证了分布式光纤监测土质边坡变形的可行性[16]。这些研究为分布式光纤在铺面中的应用提供了参考。2012 年上海机场集团联合同济大学,在浦东国际机场建立了道面性能状态感知系统(图 1-3)。

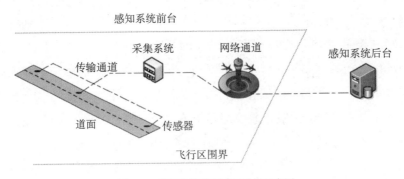

图 1-3 道面性能状态感知系统示意图

智能铺面技术背景

在铺面主动适应方面,国内各高校相继对路面自愈合和自动融冰雪技术开展研究。同济大学、天津大学分别自主研发了微胶囊自修复沥青混合料[17],并铺设了试验路段。同济大学、重庆大学、武汉理工大学、哈尔滨工业大学等从21世纪初开始研究碳纤维导电混凝土[18]在路面除冰雪中的应用,开展了导电性能、导热性能和野外除冰除雪效果等的研究。结果表明[19],利用碳纤维导电混凝土通电后产生的热量能够有效清除路面冰雪,不仅能保证冬季行车安全,还能够避免除雪剂对路面结构和环境带来的负面影响。哈尔滨工业大学、天津大学等在地源热泵技术研究的基础上,开展了太阳能-地热蓄能道路融雪方面的研究和试验,建立了融雪系统的路面传热模型[20],分析了相关影响因素对道路融雪性能的影响,并研究了最大融雪热负荷与相关因素之间的关系,为工程设计提供了理论依据[21]。

在铺面能量收集方面,同济大学、长安大学、哈尔滨工业大学[22]、北京工业大学等开展了对路面机械能收集的相关研究,采用压电换能器收集路面能量。同济大学[23]在研究中通过有限元模型分析了钹式换能器的结构尺寸并进行了初步试验测量换能设备的压电性能。结果表明,在0.7MPa、20Hz的动态荷载作用下,能够产生超过250V的电压,能够同时点亮多个LED灯。

综上所述,目前国内外的研究中,除欧洲FEHRL提出的"永久开放道路"概念初步对智能化道路进行功能上的概括和定义外,国内外的研究都基于道路建设、维护中的某一功能化性能,例如热能的利用、路面自动化除冰、压电式能量收集、沥青路面自修复、铺面性能在线监测等。其中,部分研究较为深入,但总体上仍处于起步阶段。可见,国际上智能铺面的概念、体系、框架尚未形成,整体技术的研究尚不充分,面对未来的智能化趋势尚未提出清晰的技术发展途径。

1.3 关键技术

在国际上既有的铺面技术中，已经有较多的单体技术可以纳入智能化的范畴中，如性能状态感知系统、能量收集与利用系统、自诊断与自修复技术、自动融雪化冰技术等，但如何健康有序地推动智能铺面的发展，还需解决一些科学技术问题，如：

（1）智能铺面的技术内涵、功能和框架；

（2）面向车辆、公众和管理者，提出智能铺面的系列解决方案；

（3）适应铺面带状、长大范围性能感知的低成本、低功耗传感技术；

（4）智能铺面的新型结构与材料，及其自动化建养技术；

（5）智能铺面感知信息的解析与智能化交互技术；

（6）智能铺面的可持续发展技术等。

本章参考文献

[1] M Lamb, R Collis, S Deix, et al. The forever open road: defining the next generation road[C]. World Road Congress, 2013.

[2] M Dong, G F Hayhoe. Denver International Airport Sensor Processing and Database[J]. Databases, 2000.

[3] A Wolfenden, N Tabatabaee, I L Al-Qadi, et al. Field Evaluation of Pavement Instrumentation Methods[J]. Journal of Testing & Evaluation, 1992, 20(2).

[4] J Thirlet, J Noizette, M Robert, et al. A Smart or Intelligent Sensor for Road and Urban Traffic[C]. Proceedings of International Symposium on Automotive Technology & Automation, 1995.

[5] I Al-Qadi, W Xie, R Roberts. Optimization of antenna configuration in multiple-frequency ground penetrating radar system for railroad substructure assessment[J]. Ndt & E International, 2010, 43(1): 20-28.

[6] NetAnswer. Engineered healing of asphalt concrete[J]. Materials & Structures.

[7] U Shu, L I Wei, D Shou. Researches and Analysis on Electro - Conductive Concrete Material Resistance Coefficient p[J]. Natural Science Journal of Xiangtan University, 2003.

[8] X L Hu, Y Carmi, A J Dahm. Low power device for measuring electric fields at low temperatures[J]. Cryogenics, 1992, 32 (7): 681-682.

[9] A Beeldens. Air purification and self-cleaning materials: Photocatalytic pavement blocks on the 'Leien' of Antwerp, Sep-2006, 2006[C].

[10] T Taguchi, M Takemoto. Solar energy collection by the tower system[J]. United States: Energy Dev. Jpn. 3, 1981.

[11] H Abramovich, E Harash, C Milgrom, et al. Energy Harvesting from Airport Runway. US,

2009[P/OL].

[12] W V Bijsterveld, L Houben, A Scarpas, et al. Using Pavement as Solar Collector: Effect on Pavement Temperature and Structural Response[J]. Transportation Research Record, 2001, 1778(1): 140-148.

[13] 欧进萍. 土木工程结构用智能感知材料、传感器与健康监测系统的研发现状 [J]. 功能材料信息，2005（5）：12-22.

[14] 谭忆秋，董泽蛟，田庚亮，等. 光纤光栅传感器与沥青混合料协同变形评价方法 [J]. 土木建筑与环境工程，2009，31（2）：100-104.

[15] 陈慈沼. 用于路面传感器的多频检测技术 [D]. 南京，东南大学，2010.

[16] 王宝军，李科，施斌，等. 边坡变形的分布式光纤监测模拟试验研究 [J]. 工程地质学报，2010，18（3）：325-332.

[17] 田洋，庞琦，孙国强，等. 沥青混凝土疲劳损伤自愈合行为研究进展（5）——沥青自愈合微胶囊 [J]. 石油沥青，2016，30（5）：27-34.

[18] 唐祖全，李卓球，钱觉时. 碳纤维导电混凝土在路面除冰雪中的应用研究 [J]. 建筑材料学报，2004，7（2）：215-220.

[19] 侯作富. 融雪化冰用碳纤维导电混凝土的研制及应用研究 [D]. 武汉：武汉理工大学，2003.

[20] 王华军，赵军，陈志豪，等. 太阳能-地热道路融雪系统路面传热特性的数值研究 [J]. 太阳能学报，2007，28：608-611.

[21] 王小娟. 道路融雪化冰-地源热泵复合式系统研究 [D]. 天津：天津大学，2014.

[22] 钟勇. 用于路面机械能量回收的压电换能器研究 [D]. 哈尔滨：哈尔滨工业大学，2013.

[23] 赵鸿铎，梁颖慧，凌建明. 基于压电效应的路面能量收集技术 [J]. 上海交通大学学报，2011（s1）：62-66.

智能铺面的内涵与架构

赵鸿铎 博士

同济大学，教授，博士生导师
电子邮箱：hdzhao@tongji.edu.cn
主要从事道路与机场智能铺面技术的研究。

未来交通运输的发展愿景是"零伤害、零延误、零维护、零排放、零失效"的"五维趋零"理想系统。在发展进程中，智能网联、智慧共享、耐久安全和绿色生态将成为交通运输系统的重要特征和技术途径。交通运输系统的智能化需要协同考虑"人–车（交通工具）–路（基础设施）–环境"的各个组成部分。因此，除智能网联车、智能交通之外，智能交通基础设施和"人–车–路–环境"之间的智能网联交互，将成为交通运输系统智能化进程中新的增长点和支撑点。铺面（Pavement）是交通运输系统的核心基础设施，包括公路和城市道路路面、机场场道道面、港口码头铺装以及非机动车和人行路面等。智能铺面技术的研发与应用，将成为实现交通基础设施智能化的重点。

国内外对智能铺面的研究源于自动公路、智能监测和功能性铺面。美国从1992年启动研发自动公路系统（the Automated Highway System，AHS），以适应未来面向全自动驾驶的需求[1]，并提出独立自动车辆、网联自动车辆和设施支持自动驾驶这3种模式[2]。在设施支持自动驾驶模式中提出建设专用智能车道为车辆运行提供服务[2]，但其智能化主要依靠路侧的感知设备，或埋入路面的断面式传感器来实现。在现有的智慧交通和智能网联车系统中，也基本延续了这一做法[3, 4]。此外，为了延长铺面寿命，保障铺面性能，采用各类传感器的铺面智能监测系统在国内外得到了研究与实践[5, 6]。同时，国内外研发了具有自愈合[7]、能量收集[8]、自动融冰雪[9]等能力的功能性铺面技术。这些技术从不同的层面体现了智能铺面的特征，但未对智能铺面技术体系进行系统阐述。2009年欧洲提出了永久开放道路概念（称之为第五代道路），认为新一代道路应该具有自适应、自动和环境影响韧性三大特征，较系统地描述了未来道路的特征[10]。同济大学在此基础上，进一步提出了智能道路的概念与框架[11]，但也未对智能铺面进行明确描述。

智能网联汽车、铺面智能监测系统和功能性铺面的不断发展，使铺面朝着更加智能、集成的趋势发展。智能铺面将在交通运输系统智能化中扮演更加重要的角色。然而，国内外对智能铺面尚未进行明确的界定。因此，本章以路面和道面这两类铺面为核心，从智能铺面的内涵和架构等出发，阐述智能铺面的基本概念和功能，为国内外智能铺面技术的研发与应用提供参考。

2.1 智能铺面的内涵

2.1.1 智能铺面的基本要素

智能可理解为物体所具备的智慧程度的能力。为了合理定义智能铺面的概念，拟借鉴智能生物体的基本特征和要素。在地球上，高等智慧生物体都不可或缺地包括感官和神经系统、大脑、肌体、心脏及循环系统和交互语言等基本要素。感官和神经系统用于感知生物体内部状态和外部环境；大脑用于处理、记忆神经网络传递过来的各类信息，是神经系统的中枢；肌体是生物体形体的组成部分，具有生长、修复、调节等自主适应能力；

语言，包括各类交互方式，是生物体之间进行交流、沟通、互动的必要能力；心脏及循环系统，为生物体提供持续能量，从而保障生物体智能能力的发挥。

与智慧生物体的基本要素对应，铺面要具备智能能力，形成智能行为，同样需要具备这 5 大基本要素，在智能铺面中分别定义为传感网络、数据中心、结构材料、通信网络和能源系统。智能铺面的 5 大基本要素及提供的基本能力，如表 2-1 所示。

表 2-1 智能铺面的基本要素

智能铺面基本要素	提供的能力	与智能生物的对应要素
结构材料	自主适应能力	肌体
云雾中心	自动处理能力	大脑
传感网络	主动感知能力	感官、神经
通信网络	动态交互能力	语言
能源系统	持续供能能力	心脏

2.1.2 智能铺面的定义

在智能铺面 5 大基本要素及其提供的基本能力的基础上，可以将智能铺面定义为：主要面向智能网联和自动驾驶汽车，由特定的结构材料、传感网络、云雾中心、通信网络和能源系统组成，具有主动感知、自动处理、自主适应、动态交互等智能能力的铺面设施。与传统铺面相比，智能铺面应能有效延长铺面寿命、提高铺面性能、降低安全风险、提升服务品质。

2.2 智能铺面的特征

为了实现智能能力，发挥应有作用，智能铺面应该具备 4 个层次的核心特征，具体包括基本要求、智能能力、信息服务和可持续发展。基本要求是铺面满足荷载和环境需求的基本特征；智能能力是智能铺面的核心特征；信息服务是智能铺面在形成智能能力的过程中，成为信息源所具有的高级特征；在新形势下智能铺面必须符合未来可持续发展的要求。现对这4个核心特征的解释如下。

（1）基本要求

对智能铺面的基本要求与传统铺面类似，包括功能（全天候服务、安全、舒适）、结构（足够的承载力和耐久性）、经济（全寿命成本低）、环境（低噪声、环保和景观等）4个方面，以满足作用在铺面上的车辆、飞机、非机动车、行人、货物等的使用需求。

（2）智能能力

与其定义相对应，智能铺面具备的智能能力包括主动感知、自动辨析、自主适应、动态交互等4大智能能力，以及智能体不可或缺的持续供能能力，详见表2-2。铺面依靠智能材料和传感器件来主动感知状态、性能、环境和行为；在感知的基础上，铺面可对信息进行自动分析、管理和诊断等；根据感知信息铺面能够适应温度、湿度等变化，主动进行调控，并可对损伤进行自我修复；同时，铺面能依托感知的信息与外部进行动态交互。这些能力的实现，离不开持续不间断的能量供应。

表2-2　智能铺面的智能能力

智能能力分类		具体的技术内涵
主动感知	铺面状态感知	温度、湿度、电阻、冰冻、强度、模量
	铺面性能感知	平整度、摩擦系数、轮迹、损坏状况
	交通流感知	车/机型、速度、轴型、重量、行人、自行车
	外部环境感知	气温、雨、雾、冰、风、雪
	铺面行为感知	应力、应变、位移、冲击、振动
自动辨析	信息集成管理	信息过滤、信息集成、数据管理
	信息分析处理	信息融合、大数据分析、信息建模
	性能和状态评估诊断	性能评估、状态评估、损伤诊断、性能预测

续上表

智能能力分类		具体的技术内涵
自主适应	状态自调控	温度调控、湿度调控
	损伤自修复	裂缝修复、老化恢复
	自动融冰雪	融冰、化雪、除霜
	自清洁	铺面清洁、尾气降解、粉尘抑制
动态交互	与车辆交互	信息推送、状态预警、位置导引
	与飞机交互	信息推送、状态预警
	与用户交互	信息推送、状态预警
	与管理者交互	信息推送、状态预警、性能预估
持续供能	共用电网供电	供能方法、供能线路
	绿色能量收集	路域太阳能、热能、风能、机械能、地热能的收集
	绿色能量利用	传感器、交互终端、传输网络、车辆等的供电

在智能铺面中，根据不同的目的和需求，应具备的智能等级并不相同。而且，并无必要对所有的智能铺面都按照同样的智能等级要求进行建设。为了区别不同的智能铺面能力，按照智能能力的高低，铺面的智能能力可以分为4~6个不同的层级。智能等级的分级方法有待于进一步深入研究。表2-3给出了一种5级（分别为Ⅰ、Ⅱ、Ⅲ、Ⅳ、Ⅴ）体系所应具备的基本能力。

表 2-3 铺面智能能力分级

智能分级	主动感知	自主适应	主动交互	主动预警	自主决策	能量自供
Ⅰ	√					
Ⅱ	√	√				
Ⅲ	√	√	√			√
Ⅳ	√	√	√	√		
Ⅴ	√	√	√	√	√	√

（3）信息服务

为了实现智能铺面的智能能力，铺面内部往往装备可以感知内部状态、外部环境、人车信息、行为信息等的传感器器件。这些传感器器件的使用，将使铺面成为综合信息源。通过这些信息可实现对智能车辆、车路协同、智慧城市等的全面支持。同时，面向铺面的拥有者、管养者、使用者等，可形成以铺面为信息源的"铺面对多目标"（P2X，即 Pavement to X）服务体系，其中"X"包括了管养部门、车辆、驾驶员、行人、自行车、移动终端、附属设施等。针对典型路面和机场道面，不同铺面的 P2X 基本服务功能列于表 2-4。P2X 的概念在智能道路和智能交通中可扩大为 R2X（Road to X），在智慧城市中可扩展为 I2X（Infrastructure to X）。

表 2-4　铺面的 P2X 基本服务功能

铺面类型	车辆	飞机	非机动车	行人	驾乘人员	管理部门
城市道路公路路面	互联导引预警供能	—	预警供能	网络预警	网络预警	监测诊断预警
机场跑道道面	警告	导引预警	—	—	—	
机场机坪道面	导引	导引	—	—	—	
非机动车路面	预警	—	互联预警供能	网络预警	—	
人行铺面	—	—	—	网络预警	—	
停车场铺面	导引供能	—	—	预警	—	

（4）可持续发展特性

在新形势下铺面的建设与管养需要符合社会可持续发展的要求。因此智能铺面除了需要满足基本要求、形成智能能力、提供信息服务外，还应更耐久、更安全、更节能、更低碳、更生态，并对外部的破坏和干扰具有很强的抵抗能力，在受到破坏后更加容易恢复，以适应可持续发展对交通运输系统提出的新要求。

2.3 智能铺面的架构

智能铺面的架构可以分为物理要素、信息流向、能量路径、空间位置、P2X 服务体系 5 个层面进行设计和构建。由于不同的铺面类型，针对的服务对象不同，其架构存在一定的差异性。

（1）物理要素

智能铺面由结构材料、传感网络、数据中心、通信网络、能源系统 5 大基本要素组成，因此在智能铺面中必须包括铺面结构与材料本身、铺面内部性能状态和外部环境的感知系统、处理各类感知信息的中央信息集成处理系统（云系统）、保障智能铺面与外部交互的通信系统、为智能铺面提供持续能源的供电系统、为铺面实现特定智能能力的特殊附属设施系统等物理要素（图 2-1）。

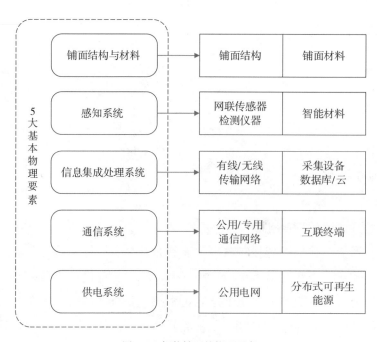

图 2-1 智能铺面的物理要素

（2）信息流向

信息在铺面中的获取、流动和应用是智能铺面的重要特征。各类铺面信息被主动感知、传输、集成、分析和发布，从铺面内部流向管理者、车辆、公众等各类用户。智能铺面的主要信息流向如图2-2所示。

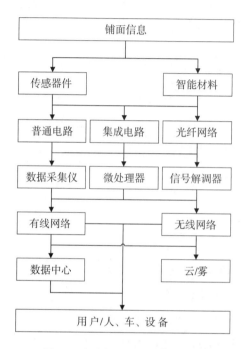

图2-2　智能铺面的主要信息流向

（3）能量路径

智能铺面在运行过程中需要大量能量以保障智能行为。为了使智能铺面符合可持续发展的要求，其所需要的能量应该是绿色能量，即从路域范围或临近区域采集的太阳能、热能、风能、机械能等。能量通过铺设在铺面表面、埋设在铺面内部、架设于道路两侧等的能量收集装置获得，在铺面设施的旁侧设置能量存储系统，再通过各类线路给各类传感器件、硬件设备和车辆供电。智能铺面的能量消耗如图2-3所示。

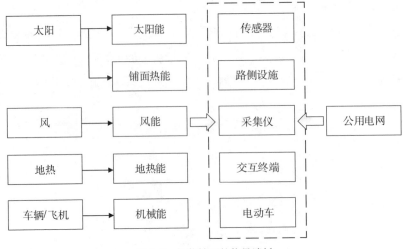

图 2-3 智能铺面的能量消耗

（4）空间位置

为了使铺面具有智能能力，需要处于不同空间位置的各类传感器件和附属设施（表2-5）。各类材料铺筑于地表形成铺面结构；各类传感、供能等器件铺设于铺面的内部或表面；信息采集和传输设施、能源装置、气象站、充电桩等各类附属设施设置在道路的内部、两侧或上方；用于存储、管理、处理和发布信息的中央数据中心（云平台），位于靠近或远离铺面设施的专门部位；为实现智能铺面定位、无线通信等功能还需借助远端的基站或空中的卫星。

表 2-5 不同空间位置的智能铺面要素

空间位置	智能要素
铺面内部	自适应结构材料、内部状态传感器件、信息和能量传输网络、无线充电系统、能量收集系统等
铺面表面	智能标线、灯光系统、尾气降解、粉尘抑制、能量收集系统等
铺面旁侧或上方	智能标志、标牌、信息板、信息采集仪、通信设施、非接触传感器件、能量收集系统等
远端或云端	数据中心、云数据库、云计算、基站等
空中	定位和通信飞艇、卫星等

（5）智能铺面的 P2X 服务体系架构

在智能铺面中，为了给交通工具、人员、管理部门等提供各类服务，需构建优良的服务体系架构，如图 2-4 所示。

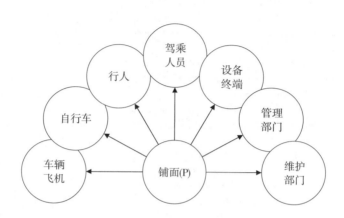

图 2-4　智能铺面的 P2X 服务体系架构

针对不同的铺面类型，智能铺面的 P2X 服务体系架构会存在一定的差别。智能铺面中的传感器件选型、组网方式、所需的信息种类、P2X 内涵、各类设施的布设位置等，需要针对具体的铺面类型和工程条件等进行有针对性的设计。

2.4　智能铺面的实现途径

智能铺面可以由智能材料、压电器件、分布式光纤、柔性传感膜、普通传感器等模式驱动。因此，智能铺面内往往埋设大量的传感器，这些传感器一般都对振动、压力、变形等敏感。因此，传统的粗犷式铺面施工工艺，会对传感器带来极大的威胁，轻则影响传感器的采集精度，重则会使传感器失效。为了给智能铺面提供一个可靠的实施途径，建议采用装配化、模块化、工业化的制造手段来替代传统的施工工艺。如装配式水泥混凝土铺面、装配式复合铺面、装配式沥青混合料铺面、沥青混合料卷材等。

BIM、3D 打印等先进技术的研发与应用，将为智能铺面的工业化实施途径提供更加有力的支撑。

本章参考文献

[1] Nita C. Smart Road, Smart Car: The Automated Highway System [J]. Public Roads, 1996, 60(2)：46-51.
[2] Committee for a Review of the National Automated Highway System Consortium Research Program. Review of the National Automated Highway System Research Program [R]. Washington, D. C.: National Academy Press, 1998.
[3] 杨佩昆. 智能交通 [M]. 上海：同济大学出版社，2002.
[4] Yang Peikun. Intelligent Transportation[M]. Shanghai, Press of Tongji University, 2002.
[5] Bernie A, Santanu R, Joshua S, et al. Autonomous and Connected Vehicles - Preparing for the Future of Surface Transportation [R]. Dubai, UAE: HDR Inc., 2015.
[6] Nizar L, Karim C, Shantanu C, et al. Smart Pavement Monitoring System(FHWA-HRT-12-072) [R]. McLean, VA: Turner-Fairbank Highway Research Center, 2013.
[7] Hongduo Z, Can W, Xiaohong W, et al. Pavement Condition Monitoring System at Shanghai Pudong International Airport [C]. Geotechnical Special Publication, n 239. Reston, VA: ASCE, 2014: 283-295.
[8] Hongduo Z, Jian Y, Jianming L. Finite element analysis of Cymbal piezoelectric transducers for harvesting energy from asphalt pavement [J]. Journal of the Ceramic Society of Japan, 118(10)：909-915, 2010.
[9] Lamb, M J, Collis R, et al. The forever open road - defining the next generation road [C]. 24th World Road Congress Proceedings: Roads for a Better Life: Mobility, Sustainability and Development. Mexico City, Mexico, 2011.
[10] Hongduo Z, Difei W. Definition, Function, and Framework Construction of a Smart Road [C]. New Frontiers in Road and Airport Engineering. Reston, VA: ASCE, 2015: 204-218.
[11] 孙立军，等. 铺面工程学 [M]. 上海：同济大学出版社，2012.

3

铺面性状的主动感知技术

3.1 铺面状态感知技术

3.1.1 技术背景

铺面状态是指路面自身几何形态及其与环境耦合作用下温湿状态等,其状态参数主要包含铺面的几何尺寸、结构厚度、路拱横坡、超高等几何参数,与湿度、温度、渗水、凝冰、积雪、路表积水等环境参数。对于几何参数的相关研究已较为成熟,目前关注的重点为铺面环境状态感知技术及应用。

铺面感知技术主要是指对铺面环境状态感知,通过各种技术手段获取路面温度、湿度等环境状态信息。铺面环境因素对于路面使用性能有较大影响,例如高湿度、高水位将影响路面结构强度,高温容易引起车辙,路面结冰降低路面抗滑性能等,因此必要时应监测路面状态信息。以往受制于硬件技术,无法对铺面状态进行监测,但目前随着各式传感技术以及无损检测技术的发展,各种路面状态信息已可以较为快速地获得,甚至可以实时监测。

丛 林 教授

博士生导师,道路与交通工程教育部重点实验室(同济大学)副主任
电子邮件:conglin@tongji.edu.cn
研究领域:智能化生态化路面、道路环境影响分析、铺面加速加载APT试验技术。

陈 丰 博士

同济大学,副教授,博士生导师
电子邮箱:fengchen@tongji.edu.cn
主要从事交通安全、交通数据统计分析、驾驶模拟器试验、风工程、地下道路引导等的基础及前沿课题研究工作。

3.1.2 技术现状与发展趋势

目前路面主流的感知技术为传感技术,通过将传感器植入道路中,利用传感技术全面、实时、准确的检测道路的各种物理参数,类似人类的神经系统,实现真正意义上的"智能道路",它可实现道路管理者、驾驶者以及科研人员信息共享,从而建立一种道路建设、使用、病害预警及养护有效结合的道路运营管理与服务体系。

状态感知方式主要可以分为两类:第一类为直接检测的基础状态数据,例如路面温度、湿度、电阻等,可以通过传感器直接获取路面状态信息[2,3];第二类为间接检测,通过对现有传感器进行改造,基于直接获取的基础数据进行分析获得,例如路面冰冻、渗水、水污染等状态方面。

利用的技术手段主要有:温度监测技术,通过红外探测器将物体辐射的功率信号转换成电信号,模拟扫描物体表面温度的空间分布[4];盐度监测技术,通过检测盐溶液的电导变化来间接反映盐度的变化[5];光纤传感技术,通过对光信号进行分析来获取光纤上相关状态信息[6-8]。

目前最具有发展前景的光纤技术为基于布里渊散射频移的分布式光纤技术,其不仅具有无辐射干扰性、抗电磁干扰性好、化学稳定性好等优点,而且可以在光纤路径上同时得到被测量场在时间和空间上的连续分布信息,但精度、灵敏度不足等问题尚待解决[9-11]。

3.1.3 技术内容

（1）多频谱传感器数据采集系统

研发多频模式传感器，将多种传感技术融为一体，利用单一传感器即可实现温度、湿度、冰冻等多种信息采集工作。

（2）基于基础状态信息的路面多信息监测技术

基于传感器所获取的基础数据，进一步挖掘可获取的路面状态信息，例如通过红外图像分析技术检测路面渗水情况，通过光信号强弱的改变检测路面凝冰情况，通过路面导电率的变化监测重金属污染情况等。

（3）路面状态主动调控技术

通过分析所获取的路面信息，对运营期的路面温度、湿度进行主动调控，通过改善路基湿度、温度状态，提高长期路用性能。

3.1.4 温度感知技术

铺面对于路面内部以及外部环境的温度感知主要是通过温度传感器实现的。温度传感器（Temperature Transducer）是指能感受温度并转换成可用输出信号的传感器。温度传感器是温度测量仪表的核心部分，品种繁多。按测量方式可分为接触式和非接触式两大类，按照传感器材料及电子元件特性分为热电阻和热电偶两类。温度传感器有四种主要类型：热电偶、热敏电阻、电阻温度检测器和 IC 温度传感器。

目前国内外对于道路用温度传感器的研究已经相对较为完善。其中，光纤光栅传感器具有操作方便、结构简单、抗干扰能力强等特点，已被广大工程技术人员接受，成为工程结构状态监测研究的热点传感元件。近年来，基于沥青路面结构信息监测的需要，一些专家学者针对光纤光栅传感技术进行了尝试与研究，如陈少幸、解建光等对光纤光栅传感器用于沥青路面应变测量进行了研究，分析了用光纤光栅传感器监测路面响应信息的可行性；Abdel Mooty 等应用光纤光栅传感器监测了路面材料抗反射裂缝的性能；谭忆秋、陈凤晨等进行了光纤光栅应变传感器与沥青路面基体材料协同变形性及基于光纤光栅传感技术的沥青路面性能预估模型研究。在这些研究中，除光纤光栅应变传感器外，光纤光栅温度传感器发挥了至关重要的作用。

另外，也可以通过特殊材料实现铺面对外界温度的感应。由罗斯加德工作室、海曼斯基础设施管理集团（Heijmans）联合设计的智能高速公路，获得了荷兰设计奖的最佳未来概念奖。荷兰智能高速公路将采用温度响应动力学涂料，用这种特殊涂料画一些标志（如雪花），当温度降到某个值的时候，这些标志将变得可见，告诉人们路面可能打滑，如图 3-1 所示。

图 3-1 基于路面标志的温度感知方法

3.1.5 铺面湿度、水量感知技术

铺面内，特别是路基内的湿度一般可以依靠湿度计进行测量。采用湿度计可以测得不同断面、不同深度的湿度值。目前国内外已有基于分布式光纤的湿度感知技术的研究。

测量铺面水膜厚度的最常用方法是基于多普勒雷达原理，通过测量雨滴的密度、速度、体积等，获得降雨量的数据，并且由此推算出路面的水膜厚度。这种方法可以达到 0.01mm 的测量精度，0~3mm 的量程。基于这种原理的水膜厚度传感器有 Lufft 公司的 R2S、IRS21 传感器（图 3-2）；Vaisala 公司也生产了基于雷达原理的路面水膜传感器。

图 3-2 路面气象状态传感器

水膜厚度传感的另一个重要技术路线是光学方法。光学方法可以利用空间光波也可以利用光纤导光。Vaisala 的水膜厚度传感器 DRS511 将发射和接收光纤埋设在路面之下，光纤的端面朝向路面，如图 3-3 所示，输出光纤向水膜发射一个光波，水膜的上表面将光波反射，并由接收光纤收集反射回的光能量，由此判断出水膜的厚度。光学方法的另一个重要思路是利用红外光谱法。红外光谱法是一种多功能的方法，可以探测路面的冰雪状况，也可以测量路面的积水和积雪厚度，目前所用的设备大都是红外 CCD 相机。由于水和冰的红外反射光谱略有不同，通过观察光谱特征，可以判断出路

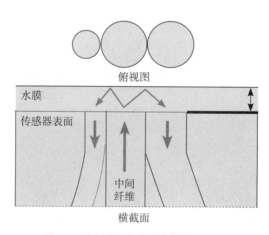

图 3-3 光纤路面水膜厚度传感器

面的冰冻状态。通过红外吸收的量值，也可以判断出路面水膜的厚度。目前基于红外方法的路面探测器也有商业供应的产品，如 Lufft 的 NIRS31-UMB，Vaisala 的 DSC111，以及 Innovative Dynamics 的 Ice Sight 系列产品。

红外方法的优点在于：非接触式，应用比较灵活，而且功能比较齐全。缺点在于：一是价格比较昂贵；二是还处在发展的初期，性能不是特别可靠。Marosek 详细比较了非接触式的红外相机型的传感器和传统的埋设在公路表面的传感器，发现红外相机对水、冰相变过程的探测不可靠。此外，光学窗口对灰尘污染比较敏感，需要定期清洁。

利用色轮法实现路面气象状态感知，如图 3-4 所示。

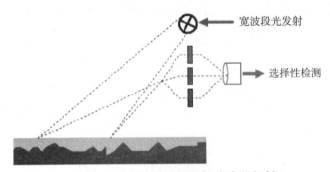

图 3-4　利用色轮法实现路面气象状态感知

几种基于光学原理的非接触式路面气象状态感知器，如图 3-5 所示。

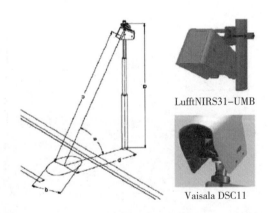

图 3-5　几种基于光学原理的非接触式路面气象状态感知器

3.1.6 结冰监测感知

结冰会造成路面抗滑能力显著降低,增加汽车制动距离,容易使车辆发生打滑和侧翻,是影响行车安全的最不利气象条件之一。美国及欧洲等国家和地区对道路结冰的监测和预报十分重视,并在公路交通气象学领域较早地开展了大量研究。结冰监测技术是应用各种类型传感器通过感知物体表面结冰后产生的物理、力学及光学等性质的变化实现结冰的判定,这些技术可实时、准确地监测物体结冰状态,并可获得结冰厚度等重要数据。目前,国内外已经形成十余种类型的结冰传感器和相应的结冰监测方法,其中部分已用于路面结冰的监测。目前,国内外研制出的结冰传感器有光纤式、红外式、振动式、电容式、压电平膜式等。

非接触式/接触式路面气象状态感知器如图3-6所示。

图3-6 非接触式/接触式路面气象状态感知器

目前路面传感器所能测量的参数数据并不是太多,主要包括:结冰点、积水和积雪的厚度等。路面结冰会极大降低路面摩擦力,因此对冰情的判断是路面传感器应该具备的一个重要功能。应该注意到,纯水在标准大气压下的相变温度是0℃,一般不会有明显波动,但是在道路上,为了加速冰雪的融化,路政部门往往会喷洒路盐。无机矿物盐会改变水的相变点,因此，单纯依靠温度传感器测量路面结冰情况是很不准确的，专用的冰冻传感器就成为必要的设施。

现有的被动测量法基本上都是电导率测量，其原理基于盐水混合物相变过程所导致的电导率变化，如图3-7所示。在水盐混合体系的液相中，无机盐被解离为正负离子，这些离子作为载流子，使盐水具有一定的电导率。当体系转变为固相，根据相变理论，盐分会从体系中结晶析出，体系中载流子的丧失会导致电导率的变化。因此，通过测量电导率的变化，可以准确判断水、盐混合体系的冰点。

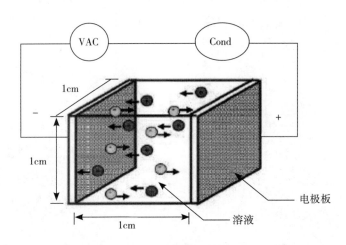

图3-7 主动相变法测量路面气象状态的原理

根据具体实现方式的不同，电导率测量法可以分为二电极法、四电极法、电诱导法。二电极法中，正负两个电极既用来施加电场，又用来测量电导率，只适用于低浓度盐水体系；四电极法中，利用不同的电极对分别施加电场和测量电导率，这样做的目的是防止电极的老化，可以施用更高的电压，也可以适用于高浓度盐水体系；电诱导法中，采用了两个线圈和交变的电场，由于线圈可以被绝缘材料保护，防止了电极的老化，是目前比较优越的方法。目前，采用电导率测量法原理的传感器已经有了商业供应。

冰点测量的另一个重要技术路线是主动测量法。主动测量法人为地改变一小块敏感区域的温度，制造一个相变过程，同时测量相变时的温度，这个温度就是道路上的冰点。根据相变理论，在相变过程中，无论体系的热流方向如何，其温度是不变的，这就为辨识相变点提供了方便，如图 3-8 所示。考虑到有些情况下过冷水的存在，判断相变点的标准变得更复杂。改变温度的设备一般是基于 Peltier 效应的半导体制冷器。

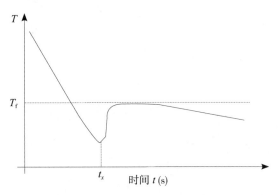

图 3-8　主动相变法测量路面气象状态的原理

总的来说，被动式设备更耐用一些，主动式设备由于不依赖电导率的变化，所以抗污染能力比较强。

除了常见的被动测量法与主动测量法以外，对于路面结冰状况的传感，还有一些新颖的思路。1998 年，Pettier 等发展了一种机械式的路面冰冻传感器。这种传感器的原理和结构都很简单，主要部分仅仅是铺设在路面下的一条压缩空气管道，管道的出口开设在路面上。当路面冻结时，管道出口就会被堵塞，通过测量管内气压的变化就能判断路面冰冻程度。虽然构思巧妙，这种装置实际需要比较复杂的设施，如压缩空气的设备和气压测量仪表，会导致成本上升。2007 年，Gailius 提出，探测轮胎与路面之间的摩擦噪声，可以获得路面的冰冻信息，并且开展初步的试验，这种方法目前还很不成熟。

3.1.7 综合外部环境感知

未来的智能铺面可以对多种外部环境信息进行感知与监测。例如：德国汉堡，成为欧洲第一个测试智能道路的地方。组成所谓智能道路的4大要素分别是智能照明、智能交通、智能环境和智能传感器。其中，智能环境是指用一系列的环境传感器采集环境参数数据，通过WIFI传输数据，在监视器上看到所监测的环境。

3.2 铺面性能感知技术

3.2.1 技术背景

丛 林 教授

博士生导师，道路与交通工程教育部重点实验室（同济大学）副主任
电子邮件：conglin@tongji.edu.cn
研究领域：智能化生态化路面、道路环境影响分析、铺面加速加载APT试验技术。

铺面性能主要是指路面提供行驶服务的能力，包含两方面内容：一为路面强度、模量等结构性能；二为抗滑、平整度、抗车辙、降噪音等路用性能[12]。铺面性能直接影响道路使用状况，因此需要展开定期的路面养护维修，维持铺面性能，确保行车安全。路面养护维修的关键在于准确地对路面性能进行测量与评估，以往对路面结构的研究主要依靠监测路表面和切开路面结构两种方法，但这样耗时、费力，不仅容易对路面结构连续性造成破坏，而且不能对路面结构进行长期动态监测。

铺面性能检测技术的发展主要基于车载设备，在车辆行驶过程中，利用非接触式三维激光扫描技术[13]、高清摄像技术[14]、落锤式弯沉仪（FWD）、路面雷达三轴加速度传感器、红外线、超声波检测，以及图像成形等技术，通过路面对车辆的回馈信息，对路面性能进行检测。

3.2.2 研究现状与发展趋势

铺面性能评价一直是行业关注重点。

随着路面检测技术的发展，路面结构性能检测和评价逐步向路面健康检测演变。结构性能的检测主要基于落锤式弯沉仪（FWD），通过检测弯沉盆的结构层模量进行反演研究，根据对路面施加一定影响后路面的响应情况反算出路面强度、模量等路面状态信息。当前大数据、物联网（IoT）技术正兴起，路面结构行为监测向泛在实时为指征的方向演化，通过分布式传感系统或 MEMS 微型传感系统，监测路面应力、应变、振动等信息，及时发现路面结构突发性破坏，评价或预测路面结构健康状态及发展趋势。

路用性能检测根据检测项的不同所采用的检测技术也不同。

平整度：车载高精度激光测距是目前主流的检测技术，把检测车行驶轨迹方向上待测的相对高程换算成国际平整度指数（IRI）[13, 15]；采用功率谱密度分析方法，利用车内簧载竖向加速度推算 IRI[16]。

车辙：车辙深度为主要检测指标，通过激光扫描技术检测车辙断面[17]。

裂缝：基于数字图像处理技术，对路面裂缝特征进行快速提取，分析图像中的裂缝；基于超声波技术，利用脉冲波不同介质中声学参数的相对变化来判断路面的内部缺陷[18, 19]。

板底脱空：利用红外热成像技术，对物体所辐射的红外线进行收集，将其转换为红外热图像，分析判断路面结构情况[20, 21]。

3.2.3 技术内容

（1）路面平整度的相关检测

基于激光扫描技术、通过发光二极管发射激光到路表面，由激光接收到反射光，利用时间差反算路面距离；基于三轴传感器采集振动信息，推算路面的平整度等。

（2）基于FWD检测弯沉盆的结构层模量反演研究

通过对路面施加脉冲荷载，分析路面表面产生的瞬时变形，测定在动态荷载作用下产生的动态弯沉及弯沉盆，通过反演分析，可以获取路面的路基回弹模量。

（3）路面性能同步检测技术

基于数据融合技术开发高精度无损检测设备，快速、准确、同时检测路面各种性能状态，一次检测过程即可完成包括平整度、摩擦系数、车载以及损坏等情况在内的各种路面性能检测。

（4）路面渗水状况检测技术

路面结构行为感知沥青路面早期水损害与路面渗水和存水状况密切相关，基于车载式红外线路面表面温度场检测技术，可以评价沥青路面空隙率及其渗水状况，为路面保护性养护提供检测手段。

（5）路面结构行为感知

目前主流技术为光纤类传感技术，根据工作原理的不同，可分为准光纤光栅传感器和全分布式光纤[52]。传感机理主要有：基于光纤瑞利散射的分布式传感，其利用后向瑞利散射信号的强度或偏振来监测温度和应力[53]；基于光纤拉曼散射的分布式传感，利用后向拉曼散色信号强度来监测温度，其优点是拉曼散射只对温度敏感，但信号较小不适合长距离监测；基于光纤布里渊散射的分布式传感，其利用布里渊散射信号来监测温度和应力[54]。因布里渊散射信号较大易监测，适合较长距离的监测，应用最为广泛，但温度和应力信息存在交叉敏感的问题，尚待解决。

目前存在的问题是，主要传感硬件技术尚存在着精度、敏感度不足等情况，并且由于目前路面耐久性能不足等，埋设的传感器容易发生损坏，降低了使用可靠性，监测数据使用效率低，信息整合度不足，数据挖掘不够深入。

铺面性状的主动感知技术

3.3 交通流感知

3.3.1 技术背景

交通流感知是指对车辆位置信息及交通流状态实时掌握并积极反馈的过程。交通流感知传感器网络是智能铺面交通感知系统的具体体现形式,其主要功能是使用经济有效的方式,对交通系统中各元素(如交通参与者)的状态进行感知,并将决策者感兴趣的感知内容传输至决策支撑系统,以便分析处理[22]。无人车的兴起对交通流感知提出了更高的要求,更加强调感知过程的精确性和实时性。针对现有各种检测方式存在的多方面问题,如何选择合理的感知方式进行智能化的信息收集,并通过构建有效的传感器网络进行信息传输,是智能铺面系统能否实现既定功能的关键。

王俊骅 博士

同济大学,教授,博士生导师
电子邮箱:benwjh@163.com
研究领域:主要从事道路交通安全领域的科研工作,包括道路交通安全大数据挖掘、道路安全管理与控制技术、车联网环境下的安全运行控制、道路安全设计、驾驶人行为等。

3.3.2 技术现状与趋势

目前主流的交通流信息感知技术包括基于定点的交通数据检测技术和基于移动的交通数据检测技术,表 3-1 中列举了具体的技术内容[23]。

现有检测方式存在的主要问题:

(1)检测精度问题

目前主要的交通检测方法有感应式环形线圈检测和视频检测。虽然线圈可以在每秒钟读数据多次,但是由于距离和传输的影响,只能每隔 20s 或 30s 传输一次数据,频率较低。视频检测时一个摄像机能够采集几个车道的数据,使得检测交通动态行为

.033

和各种空间交通参数成为可能,但受外界环境干扰影响比较大,其识别精度往往低于80%[24]。

表 3-1　交通信息采集技术

类型		检测设备	
基于定点检测的交通数据采集	磁频采集技术	环形线圈检测器、磁性检测器、地磁检测器、电磁式检测器、微型线圈检测器、磁成像检测器	
	波频采集技术	主动式	微波雷达检测器、超声波检测器、主动式红外检测器、激光检测器
		被动式	被动式红外检测器、被动式声波检测器
	视频采集技术	光学视频检测器、红外视频检测器	
基于移动检测的交通数据采集	空间定位采集技术	GPS浮动车检测技术、手机移动通信检测技术	
	自动车辆识别采集技术	环形线圈识别检测技术	
		射频识别检测技术	
		车辆号牌识别检测技术	
	遥感采集技术	航天遥感检测技术、航空遥感检测技术	

(2) 断面检测问题

目前最常用的线圈检测装备仅能在特定时间内检测通过某一断面的流量、车速和占有率大小,不能准确反映路段上每一辆车、每一时刻的位置和状态。

(3) GPS定位问题

GPS误差主要来源于GPS卫星、卫星信号的传播过程和地面接收设备。对GPS定位而言,GPS卫星的空间几何分布也会对定位精度产生一定程度的影响。一般情况下,单点定位的精度约为20~30m。如果采用RTK技术,则标定时间较长、成本较高。另外,在隧道、高楼等有遮挡的路段,往往无法接收GPS信号。

近年来,地磁传感定位、声音和振动传感定位可作为新的检测研究方向。目前,地磁感应原理在路面传感定位技术中已经有所研究,但也存在如检测信号序列常受噪声干扰、检测信号的不连续性和由于受到其他磁物质的影响而出现基准值漂移等问题。未来随着技术的不断发展,车辆检测准确率也会进一步提高[25]。

声音传感与振动传感紧密相连，噪声在空气中传播的衰减量较小，一个噪声传感器可以检测较长路段，但容易受到背景声音的影响，因此进行声音分离显得尤为重要。当声音十分嘈杂时，其检测准确度便会大幅降低。这时可用路面振动来弥补，但振动在路面结构中衰减快，检测范围较小，需要较多的传感器。地磁感应检测、噪声检测和振动检测的综合使用，可提高检测准确度、降低成本，将是交通流感知技术的发展趋势[26]。

随着上述各种交通流感知技术的不断发展，通过各种感知方式的相互校核和融合获取精确、高效的感知数据是交通流感知技术的发展方向。

3.3.3 技术内容

（1）基于地磁的路面传感定位技术

采用地磁感应技术，在路面埋设地磁感应装置，并在车辆上装配相应的地磁装置，对车辆进行定位。地磁感应原理最早被应用于轨道电车控制中，这里可以采用地磁感应技术作为路面传感的定位技术。利用地磁感应原理制成的车辆无线检测器具有安装简单、维修方便、对非铁磁物质无反应、受气候影响小等特点，明显优于感应线圈检测器、视频检测器以及微波检测器等车辆检测工具[27]。

（2）基于噪声的路面交通流感知技术

交通噪声是机动车在行驶过程中产生的噪声，包括发动机噪声、传动系噪声、轮胎与路面挤压摩擦的轮胎噪声和气流噪声等。噪声的大小与车辆性能、行驶速度、车流量大小、路面状况、鸣笛次数和道路纵坡度等因素有关，用声级和频谱来表征。各种声源的声级和频谱特征是不同的，对噪声的影响程度也视具体的交通状况而定。根据不同的交通事件与其噪声的对应特点，可以通过路面噪声进行交通感知[28]。

（3）基于振动的交通流感知技术

振动和噪声是密切相关的，振动越大，则噪声也就越大。但振动的作用机理、传播介质与噪声不同。如果把路面结构作为振动系统，则在行车荷载的冲击作用下，路面会产生响应，如位移、应力、形变等，振动系统内部参数都是动态的，并且相互影响。行车荷载的冲击作用实际上是一种非平稳的随机过程。利用不同交通事件与其振动的对应性，可以利用振动传感器进行交通流量感知[29]。

3.3.4 国内外主要研究

Berkeley PATH 在 1998 年实现了用地磁感应技术控制高速公路车辆列队行驶及无人驾驶公交车。

东南大学在视频检测方面做了深入研究，取得了较为突出的成果，但仍存在人车混杂的混合交通环境下识别精度低、易受干扰等缺点。Berkeley PATH 在基于噪声检测的交通感知方面做了一些研究，但仍不太成熟[30]。

3.4 外部环境感知

3.4.1 技术背景

在影响交通通行的因素中，外部环境的气候条件是主要因素之一。高温、冰冻、大风、暴雨、雪、雾、潮水等恶劣气候经常会导致交通通行出现中断、延迟等问题，不仅如此，外部环境也常常会影响交通基础设施的使用寿命。同时，极端天气还会带来大量的交通事故，给人民和国家的生命财产安全造成很大的损失。极端天气对公路安全运行的危害很大，尤其在大雾、雨、雪等外部环境条件下，高速公路交通事故明显呈现多发态势[31]。灾害性天气对道路交通安全的影响越来越成为人们关注的热点，

陈 丰 博士

同济大学，副教授，博士生导师
电子邮箱：fengchen@tongji.edu.cn
主要从事交通安全、交通数据统计分析、驾驶模拟器试验、风工程、地下道路引导等的基础及前沿课题研究工作。

智能铺面的发展中如何对交通气象等外部环境进行感知和实时监测，为交通气象分析、预警等技术提供支撑，对预防极端天气下交通事故的发生，保障交通安全具有重大意义。

3.4.2 技术现状与趋势

道路天气问题以及在各种天气下的行车安全问题在 20 世纪 50 年代就引起了人们的重视[32]。目前，国际上通用的方法是建立道路跑道气象信息系统（Road Weather Information System，简称 RWIS），对高速公路沿线的气象条件进行监测和监控[33]。RWIS 是为公路运营管理部门的决策制定提供公路气象信息的重要系统，属于公路管理信息系统的一部分，主要包括信息采集系统、监控中心、专家判别系统、决策服务系统、信息发布系统五大部分。目前世界上已有 30 多个国家和地区开发并应用该系统。该系统的应用可有效预防由气象原因导致的交通事故发生，并使公路养护管理部门及公路使用者能够及时获得公路气象信息，针对不同的公路气象状况采取相应的措施。

国外发达国家都在陆续建立以 RWIS 为主的各种不同形式的公路气象服务系统，有些国家的交通机构把 RWIS 与他们自己的智能交通系统（Intelligent Transport System，简称 ITS）进行整合，通过获取更多的气象信息来提高交通管理水平。例如，丹麦很早就建立了自己的道路气象系统（Road Condition Model System，简称 RCMS），瑞典同样建立了 Slippery Road System Information（SRIS），奥地利建立了 VorEWa，芬兰建立了 VARO，比利时建立了 DWTC–CP/40，法国建立了 SARI IRCAD，等等，而且随着欧洲一体化进程的发展，欧洲国家达成了一些协议，建立覆盖欧洲的道路气象监测控制系统，并命名为"公路网恶劣气象实时监测控制系统"[34-37]。在美国，运输部（DOT）建立了覆盖全国的道路外部环境感知监测点（Environmental Sensor Stations，简称 ESS），对全国道路气象进行监测，所监测的参数数据包括道路的温度、路面状况、视距、风力风向、湿度及降低结冰所需要的化学试剂浓度，等等[38]。除了美国运输部的道路气象信息系统外，美国各州都建立了自己的道路气象信息系统，例如艾奥瓦州、加利福尼亚州、纽约州等，这些道路信息系统采用统一的标准来实施，标准由（National Transportation Communications for Intelligent Transportation Systems Protocol，简称 NTCIP）制定。在加拿大，由加拿大政府和滑铁卢大学（University of Waterloo）共同组成专家小组，对加拿大的气象和交通运输状况进行全面细致地分析，并在分析的基础上提出了加拿大道路气象信息系统建设方案[39]。

中国在公路气象感知方面的研究起步比较晚，与国际先进水平仍有很大差距，但是中国政府、科学研究人员和工程技术人员也做了大量的工作。从 2010 年 10 月起，中国气象局开始为交通运输部、公安部交管局及旅游局等单位提供与交通安全相关的天气监测预警设备，在监测能见度、风向、风速、气温、湿度、雨量、路面状况等外部环境状况的同时，以多种方式告知管理人员和驾驶员等恶劣或极端天气信息，提高安全行车水平[40]。

3.4.3 技术内容

智能铺面外部环境感知技术主要包括以下几种：

（1）利用气象传感器进行铺面外部气象环境感知

气象传感器包括超声波风速风向仪、气压传感器、温湿度传感器、日照辐射强度传感器等，可测量雨、雪、雾、风速、风向、环境温度、环境湿度、日照强度等铺面外部气象特征数据。例如，Surface Systems Inc（SSI）公司的道路/跑道气象信息系统（RWIS）[41]，由多个场站构成，每个场站包含一系列收集气象数据的传感器及向中心站传送数据的处理单元。每个 RWIS 站包含埋在路面内的路面传感器以及气象传感器。其中，气象传感器可提供空气温度、相对湿度、风速及风向、降雨量及能见度的监测数据。将所有的传感器连接到一个远端处理单元，安装于高速公路（机场跑道）旁边，可将收集的信息传送到监控中心的服务器。服务器收集、处理并存储由这些远端处理单元而来的数据，并将其传送至用户显示器。监控中心人员可通过办公室的计算机工作站或在办公室之外的任何地方通过因特网来获取这些数据。

（2）利用环境状况传感器进行铺面状况感知

环境状况传感器可以测量路面温度、湿度及类型（如雪、冰）和水膜高度，除冰化学物质浓度和凝固温度外，也可以由环境状况传感器直接输出。例如，加拿大研制了环境状况预报模式（Model of Environment and Temperature of Roads，简称METRo）[42]，该模式由路面能量平衡模块、路面材料热传导模块及路面水、雪、冰积聚模块组成，可在人工与自动两种状态下运行，提供每日2次的24h路面温度预报，其独特的误差耦合订正机制使预报误差约在±2K左右。近年来，METRo还在欧洲的斯洛伐克、斯洛文尼亚和捷克等国家得到推广应用，取得了良好的效果。

（3）利用雷达系统进行铺面外部环境监测

雷达系统作为路面传感器和气象传感器的补充，对铺面外部气象环境进行监测，监测内容包括：结冰状况监测、雾天车辆监测等。例如，瑞士的道路气象信息系统[43]，除了道路传感器和道路气象站可以提供路面2m处的空气温度、地表温度、湿度、雾滴、冰冻、风力风向、路面干湿度外，还建立了雷达监测系统，对路面的结冰情况进行监测。

（4）利用能见度仪进行道路雾况监测

铺面外部雾环境的检测传感器主要使用能见度仪，并辅以温湿度传感器来确定团雾的等级。能见度仪是近十几年当中较为广泛采用的能见度检测设备，而能见度是确定雾等级的重要参数之一。主要的能见度检测设备有芬兰Vaisala公司的FD12型、德国Impulsphysik公司的FSM型和美国Belfort公司的CATN06113型等[44]。

3.4.4 国内外主要研究单位和人员

国内的主要研究单位和人员有交通运输部公路科学研究院，中国气象局北京城市气象研究所的张朝林等，长安大学的王少飞等，江苏省气象科学研究所的袁成松等，等等。国外有芬兰Vaisala公司、Surface Systems Inc（SSI）公司，德国Lufft公司，美国、欧洲、加拿大交通运输部门及气象部门。

3.5 铺面行为感知

3.5.1 技术背景

路面行为是指路面结构和材料的物理特征与力学特征在外界因素作用下的变化关系，主要是指在车辆、环境等外力作用下路面应力、应变、位移、振动、加速度等力学响应的变化[45, 46]。

以往对路面结构的研究主要依靠监测路表面和切开路面结构两种方法进行，但这样耗时、费力，不仅容易对路面结构连续性造成破坏，而且不能对路面结构进行长期动态监测。依赖于传感技术的出现，使得监测路面结构内部的力学行为成为可能。

铺面行为感知技术，通过监测铺面应力、应变、振动等信息，及时发现铺面结构突发性破坏，预测路面结构的长期损坏趋势。

丛 林 教授

博士生导师，道路与交通工程教育部重点实验室（同济大学）副主任
电子邮件：conglin@tongji.edu.cn
研究领域：智能化生态化路面、道路环境影响分析、铺面加速加载 APT 试验技术。

3.5.2 技术研究内容

技术研究内容主要包括长距离实时监测路面应力、应变、位移、振动、加速度等响应。

（1）裂缝、板底脱空等破坏情况的监测技术：通过实时监测路基应力、应变的变化情况，发现、预报裂缝、板底脱空的发生及其位置和大小等相关情况，及时排除险情[47]。

（2）施工质量实时监测技术：基于路面应变、加速度响应变化，判断路面实际压实程度，确定最佳压实次数，以达到最佳压实效果[48, 49]。

（3）交通实时监测技术：依据振动光纤频率、振幅实时监测交通量大小及轴载情况，警告、避免超载车辆驶入特殊路段[50, 51]。

（4）路面最佳养护时机预测：对路面应力、应变进行长期监测，分析路面的衰变曲线，给出最佳的养护时机。

3.5.3 技术现状与趋势

路面行为感知技术发展与状态感知技术发展相似，主要也是通过埋设传感器监测路面内部行为信息。我国目前针对应力、应变、位移、振动等传感器的硬件设计研发尚不如国外成熟，但在技术应用层面上我国已开展了大量研究。

目前主流行为感知技术为光纤类传感技术。根据工作原理的不同，其可分为准光纤光栅传感器和全分布式光纤传感器[52]。传感机理主要有：基于光纤瑞利散射的分布式传感，其利用后向瑞利散射信号的强度或偏振来监测温度和应力[53]；基于光纤拉曼散射的分布式传感，利用后向拉曼散色信号强度来监测温度，其优点是拉曼散射只对温度敏感，但信号较小，不适合长距离监测；基于光纤布里渊散射的分布式传感，其利用布里渊散射信号来监测温度和应力[54]。因布里渊散射信号较大，易监测，适合较长距离的监测，应用最为广泛，但温度和应力信息存在交叉敏感问题，尚待解决。

实际应用中，传感硬件技术尚存在着精度、敏感度不足等问题，并且由于目前路面耐久性能不足等情况，埋设的传感器容易发生损坏，降低使用的可靠性。

本章参考文献

[1] 孙立军. 沥青路面结构行为理论 [M]. 北京：人民交通出版社，2005.

[2] Xue, Yang, et al. Ultrasensitive temperature sensor based on an isopropanol-sealed optical microfiber taper[J]. Optics letters, 2013, 38.8: 1209-1211.

[3] Xia, Li, et al. Novel optical fiber humidity sensor based on a no-core fiber structure[J]. Sensors and Actuators A: Physical, 2013, 190: 1-5.

[4] Cong L, Zhang Y, Xiao F, et al. Laboratory and field investigations of permeability and surface

[5] Xia, Ming, et al. Environment-adaptive road traffic measurement with single wireless geomagnetic sensor node[C]. Wireless Communication and Sensor Network: Proceedings of the International Conference on Wireless Communication and Sensor Network (WCSN 2015), 2016.

[6] 王赫喆. 工程化光纤光栅传感器及其在路面结构中的测试研究 [D]. 哈尔滨: 哈尔滨工业大学, 2006.

[7] 高俊启, 等. 沥青路面动水压力光纤传感测量研究 [J]. 传感器与微系统, 2009, 28（9）: 59-61.

[8] 张丹, 等. BOTDR 分布式光纤传感器及其在结构健康监测中的应用 [J]. 土木工程学报, 2003, 36（11）: 83-87.

[9] Grattan, L. S, B. T. Meggitt, et al. Optical fiber sensor technology: advanced applications-Bragg gratings and distributed sensors[M]. Springer Science & Business Media, 2013.

[10] 许海燕. 分布式光纤振动传感器及其定位技术研究 [D]. 上海: 复旦大学, 2011.

[11] 沈逸铭. 高性能布里渊光时域分析分布式传感的研究 [D]. 杭州: 浙江大学, 2013.

[12] 孙立军. 沥青路面结构行为理论 [M]. 北京: 人民交通出版社, 2005.

[13] 马荣贵, 宋宏勋, 来旭光. 激光路面平整度检测系统 [J]. 长安大学学报（自然科学版）, 2006, 26（2）: 38-41.

[14] Kasthurirangan Gopalakrishnan, et al. Machine-Vision-Based Roadway Health Monitoring and Assessment: Development of a Shape-Based Pavement-Crack-Detection Approach[R]. Iowa State University, 2016.

[15] 钟阳, 王哲人, 郭祖辛. 对国际平整度指数法的评论 [J]. 中国公路学报, 1994（1）: 28-32.

[16] 杜豫川, 刘成龙, 吴荻非, 等. 基于车载多传感器的路面平整度检测方法 [J]. 中国公路学报, 2015, 28（6）: 1-5.

[17] Kumar, Pankaj, et al. An algorithm for automated estimation of road roughness from mobile laser scanning data[J]. The Photogrammetric Record 30.149(2015): 30-45.

[18] 李海涛. 路面无损检测技术的现状及发展方向 [J]. 华东科技（学术版）, 2015（5）: 187-187.

[19] Sarker P, E. Tutumluer. Falling Weight Deflectometer Testing Based Mechanistic-Empirical Overlay Thickness Design Approach for Low-Volume Roads in Illinois[R]. International Conference on Transportation and Development 2016, 2016.

[20] Alhasan, Ahmad, David J. White, Kris De Brabanter. Quantifying Roughness of Unpaved Roads by Terrestrial Laser Scanning[J]. Transportation Research Record: Journal of the Transportation Research Board 2523, 2015: 105-114.

[21] Ferraz, António, Clément Mallet, Nesrine Chehata. Large-scale road detection in forested mountainous areas using airborne topographic lidar data[J]. ISPRS Journal of Photogrammetry and Remote Sensing 112, 2016: 23-36.

[22] Tubaishat M, Zhuang P, QiQ, et al. Wireless sensor network for intelligent transportation system[C].Wireless Communications and Mobile Computing, 2009, 9(3): 287-302.

[23] Jason Hill. A Software Architecture Supporting Networked Sensors[D].UC Berkeley Masters Thesis. Berkeley.December, 2000.

[24] Varshney U, Vetter R. Emerging Mobile and Wireless[J]. Communications of the ACM, 2002 (45): 89-101.

[25] 王荣本. 基于计算机视觉高速智能车辆的道路识别 [J]. 计算机工程与应用, 2004, 26（7）: 18-21.

[26] 李建中. 传感器网络及其数据管理的概念、问题与进展[J]. 软件学报,2003,14(10):1717-1727.

[27] 田寅. 城市交通智能感知与传感器网络技术研究[D]. 北京:北京交通大学,2015.

[28] Aso M, Saikawa T, Hattori T. Mobile station location estimation using the maximum likelihood method in sector cell systems[R]. Vehicular Technology Conference, 2002.

[29] 谭若飞. 基于过程的可定向地磁车辆检测算法研究[D]. 杭州:浙江大学,2010.

[30] Hojjat Adeli, Asim Karim. Fuzzy-wavelet RBFNN model for freeway incident detection[J]. Journal of Transportation Engineering, 2000, 126(6):464- 471.

[31] Iowa Department of Transportation and Center for Transportation Research and Education. Weather Issues in Transportation[R]. Iowa: Iowa Department of Transportation, 2004.

[32] Tanner J C. Effect of Weather on Traffic Flow[J]. Nature, 1952, 169(4290):107-107.

[33] Western Transportation Institute. Assess CALTRANS RWIS[R]. Los Angeles: California Department of Transportation, 2001.

[34] COST. Real-time Monitoring, Surveillance and Control of Road Networks under Adverse Weather Conditions[EB/OL].

[35] Hyman W A, Zeitlin J, Radin H, et al. Use of Wireless Technology for Field Applications[J]. State Departments of Transportation, 2006.

[36] Pisano P, Spangler T, Hardesty D.An Overview of Surface Transportation Weather Research Conducted Through the Cooperative Program for Operational Meteorology, Education and Training(COMET)[J]. Highway Operations, 2002.

[37] Knapper C. Weather and Transportation in Canada[J]. Publication of University of Waterloo Canada, 2003, 4(4):206-207.

[38] Applied Research Associates, Inc. Use of Wireless Technology for Field Applicarions[R]. SD Department of Transportation Office of Research, 2006.

[39] Andrey J., Knapper Christopher. Weather and Transportation in Canada[M]. Waterloo: M&T Insta-Print (K-W) Ltd., 2003.

[40] 康延臻,王式功,杨旭,等. 高速公路交通气象监测预报服务研究进展[J]. 干旱气象,2016,34(4):591-603.

[41] 谭永宏. 高速公路气象信息采集系统的研究[D]. 长沙:湖南大学,2007.

[42] Crevier L P, Delage Y. METRo: A New Model for Road-Condition Forecasting in Canada[J]. Journal of Applied Meteorology, 2001, 40(11):2026-2037.

[43] Ulrich Schlup, Urs Keller. Road Weather Information in Switzerland[R], 2004.

[44] 吴凯. 基于ZigBee的高速公路雾况监测系统设计[D]. 南京:南京理工大学,2013.

[45] 邓学钧,李昶. 水平荷载作用下的路面结构应力[J]. 岩土工程学报,2002,24(4):427-431.

[46] 董泽蛟,曹丽萍,谭忆秋,等. 移动荷载作用下沥青路面三向应变动力响应模拟分析[J]. 土木工程学报,2009(4):133-139.

[47] 李金生. 基于FBG技术的沥青路面应变传感器开发与性能研究[D]. 哈尔滨:哈尔滨工业大学,2007.

[48] 王龙,解晓光. 振动压实能力与道路基层材料可压实性评价[J]. 同济大学学报(自然科学版),2013,41(2):203-207.

[49] 谭忆秋,王海朋,马韶军,等. 基于光纤光栅传感技术的沥青路面压实监测[J]. 中国公路学报,2014,27(5):112-117.

[50] Kantaros, Antreas, Dimitris Karalekas. Fiber Bragg grating based investigation of residual strains in ABS parts fabricated by fused deposition modeling process[J]. Materials & Design 50, 2013: 44-50.

[51] Artières, Olivier, et al. Strain measurement in pavements with a fibre optics sensor enabled geotextile[R]. 7th RILEM International Conference on Cracking in Pavements. Springer Netherlands, 2012.

[52] 王赫喆. 工程化光纤光栅传感器及其在路面结构中的测试研究[D]. 哈尔滨: 哈尔滨工业大学, 2006.

[53] 许海燕. 分布式光纤振动传感器及其定位技术研究[D]. 上海: 复旦大学, 2011.

[54] 沈逸铭. 高性能布里渊光时域分析分布式传感的研究[D]. 杭州: 浙江大学, 2013.

铺面性状的自评估与诊断技术

4.1 基于导电性能的铺面材料性状检测技术

4.1.1 技术背景

交通量的迅速增长导致路面往往在没有达到设计年限时就出现各种早期破坏,传统路面性状检测方法通常无法发现内部缺陷,只有当路面外部出现明显缺陷时才开始维修养护,造成养护成本居高不下。基于导电材料的铺面自评估与诊断技术的发展使得铺面能够进行自我感知和诊断,当铺面结构内部出现小病害和早期损坏时,实时反映其内部状态,有效降低养护成本,避免路面结构大的翻修,减少对交通的影响,具有十分重要的经济效益和社会效益。

杨 群 博士

同济大学,教授,博士生导师
e-mail: qunyang.w@tongji.edu.cn
主要从事道路工程材料领域的科研工作,包括道路结构与材料、道路养护技术与评估、环境友好型铺面技术开发等。

4.1.2 技术现状与趋势

目前,国内外对基于导电材料的铺面性状的自评估与诊断技术的研究处于初步发展阶段,已开展的相关研究和结论有：掺碳纤维的水泥混凝土具有一定的损伤自诊断等特殊功能[1,2]；研究自诊断沥青混凝土中导电相和沥青混凝土自身结构的优选以及自诊断沥青混凝土的诊断机理，结果表明掺入碳素类导电相材料的沥青混凝土具有更好的自诊断性能，沥青混凝土级配类型为非连续密级配时有利于填充更多的导电相材料[3]；将不锈钢钢丝网或不锈钢钢片作为导电材料掺入沥青混凝土中可实现对沥青混凝土路面性状的实时监控[4]；研究了结构自诊断沥青混凝土的电极材料及其尺寸优选，结果表明不锈钢网作为电极比铁网作为电极时的电阻率输出更稳定，电极的尺寸以测试样品横截面面积的40%~60%为宜[5]；提出了一种墨/碳纤维复合改性的自诊断沥青混凝土，其力学性能和电性能都较普通沥青混凝土有较大提高[6]；模仿生物神经网络对创伤的感知和生物组织对创伤部位愈合的机能，在混凝土传统组分中复合特殊组分（如仿生传感器、含黏结剂的液芯纤维等），使混凝土内部形成智能型仿生自诊断、自愈合神经网络系统，实现对混凝土材料的自动诊断实时检测和及时修复，确保混凝土结构的安全性，延长混凝土结构的使用寿命。以上研究加入路面材料中的导电相材料大多为碳类材料，经济效益不高。此外，导电相材料在铺面结构中的布置方式以及耐久性也是未来研究的一个方向。

4.1.3 技术内容

基于材料感知的铺面性状的自评估与诊断技术主要是在传统铺面材料中加入导电材料。目前常用的导电材料有聚合物类、碳类和金属类，最常用的是碳类和金属类，碳类主要包括石墨、碳纤维及碳黑，金属类材料则有金属微粉末、金属纤维、金属片、金属网等。加入导电材料使得铺面材料具有一定的电学性能，赋予铺面材料压敏性和温敏性等特殊的性能。该类铺面在受到外力作用或发生损伤时均会引起自身电阻率的变化，通过监测铺面结构的电阻变化即可感知材料内部结构应变和损伤的产生，实现铺面结构对应变和损伤等的自我评估。处理分析数据采集系统采集感知的信号，可为路面预养护提供及时有效的决策信息。

4.2 基于分布式光纤的路面结构性能浸入式感知技术

4.2.1 技术背景

路面结构性能检测和评价是沥青路面养护管理中的一项重要内容，路面结构承载能力是路面服务性能的基础，结构承载力强的路段其损坏发展速度通常较为缓慢，承载力弱的路段其损伤发展相对较快[7]。在此背景下，对道路结构性能进行全生命周期内的智能感知和精细管养显得尤为重要。传统的道路结构性能检测方法覆盖面小、成本高昂、过多依赖人为经验。而融合分布式光纤和感知对象的浸入式感知技术可对道路结构进行长期监测，匹配智能感知和精细管养的需求。

4.2.2 技术现状与趋势

对于光纤技术在道路工程中的应用，国内外相关人员已开展大量研究。姜德生[8]对光纤光栅（FBG）传感器在工程中的应用作了综述；Borotto等人[9]对FBG传感器的测量精度、信噪比和对温度效应的补偿能力等计量性能进行了研究，并与电应变计的测量结果进行了对照比较，结果表明FBG传感器可以满足应变测量需求；王建坤和钟阳[10]结合土工格栅制作针对沥青混凝土结构的FBG光纤传感器，并进行室内标定和现场试验，结果表明实测数据与有限元计算结果有较好的线性相关性；钟阳等人[11]利用土工格栅与沥青混合料变形的协调性，设计了一种用于路面结构应变监测的FBG传感器；王花平等人[12]提出了一种适合于沥青混凝土路面结构测试的柔性原材料封装光纤传感器，通过研究发现该种测试系统用于感知路面结构变形是可行的，能实现路面结构的实时、长期监测；谭忆秋等人[13]着重研究了FBG传感器与沥青混合料之间的协调变形性，利用光纤光栅传感技术来监测沥青路面的压实度，结果表明光纤光栅信号变化趋势与车辙试件成型过程中对应压实次数下的应变变化趋势一致[14]；Miller[15]提出了一个分布式光纤传感系统，用以测量高速公路路基的应变；钱振东等人[16]将分布式光纤传感技术应用于沥青路面铺装层中,进行路面温度、残余应力和裂缝的监测。

目前关于光纤传感技术在工程中的应用以建筑结构、桥梁结构、桥面铺装和水泥混凝土结构为主[17]。光纤光栅传感和分布式光纤传感技术在工程上的应用主要集中在对结构应力应变的测量,已有研究中 FBG 传感器多用于单点测量,难以对道路结构进行全域监测,分布式光纤传感技术可实现多点测量的目的。现有研究大多把光纤附着在钢筋网和工字钢等结构物上,通过感应结构物的变形间接测量结构应变应力,光纤无法与待感知结构融为一体。进一步的研究除了要保证光纤感知的有效性外,还应考虑光纤的长期耐久性能,以满足道路结构感知的长期需求。

4.2.3 技术内容

基于分布式光纤的路面结构浸入式感知技术的思路为:通过将光纤埋入沥青混凝土结构内部,采集光纤信号,实现对道路结构的监测,形成集传感光纤和感知对象为一体的浸入式感知体系。道路结构在荷载作用下产生应变,导致埋入的光纤产生微变形,而采集得到的光纤信号会随光纤变形而变化。反之,光纤信号能感知结构应变。为了保证光纤的成活率和感知的有效性,需进行光纤种类的优选与封装保护设计,同时研制合适的数据采集设备,实时且长期地获取光纤信号。在对道路结构进行长期监测的基础上,通过分析光纤信号规律,获取道路结构性能参数并揭示道路结构性能的演变规律,预测未来道路结构的变化方向,为道路病害机理、病害修复等提供相关结构信息。

4.3 基于振动信号解析的路面表观性状检测技术

4.3.1 技术背景

铺面表观性状通常包括表面损坏、路面行驶质量和抗滑能力,各表观性状不仅反映路表状况,也影响路面结构性能[7, 18]。实现路面表观性状的自评估与诊断对确定路面养护需求、制定养护对策有重要意义。路面抗滑能力测试一般采用特定的仪器设备如摆式摩擦仪,针对表面损坏状况和路面行驶质量,常通过图像识别和激光测距技术进行无损检测。除此之外,基于车辆振动的路面检测方法在铺面性能评估领域也已崭露头角。该类方法的产生受基于振动的结构损伤检测的启发,即通过安装在结构上的传感器采集振动信号,根据振动信号幅值、频率等参数变化检测结构损伤[19-21]。但不同于传统的结构如建筑物和桥梁,道路是长线状结构,在道路沿线布置传感器的方法成本高且不便于数据采集。故可转变思路,通过解析行驶于道路上车辆的振动信号来间接检测道路表观性状,该方法测试装备简单、操作方便、检测安全性高、数据占容量小[22]。

4.3.2 技术现状与趋势

基于车辆振动信号的路面检测通过车路接触感知路面状况,国外开展该类方法的研究较多,2006年较早地出现了利用汽车振动力学响应检测路面病害的方法[23]。2008年麻省理工学院(MIT)的计算机科学与人工实验室提出了一种针对坑槽的检测方法,通过安装于出租车上的三轴加速度仪采集大量车辆振动数据,建立了一套坑槽识别算法[24]。由于智能手机的研发,可利用智能手机内置加速度传感器和GPS装置检测路面表观状况并加以定位[25, 26]。检测对象包括坑槽、补丁、拥包、裂缝、松散等,还可检测非病害的路面异常如减速带和伸缩缝,检测指标包括固定阈值、动态阈值、机器学习获取的特征参数等[22, 27]。

除检测表面损坏外,也有研究人员基于汽车振动加速度来推算路面平整度,从而评估路面行驶质量[28, 29]。该类方法的核心思路是利用功率谱密度分析方法,解析复杂的车辆振动与路面平整度间的交互作用,并对不同路面类型、车速和车型进行验证,后续可用加速度推导路面平整度,实现了路面行驶质量的快速检测,该方法具有能耗低、成本低、效率高等优势[30]。

4.3.3 技术内容

目前振动测试基本设备包括振动传感器、GPS 和陀螺仪,可选择智能手机自带装置,也可选择专用商业设备。振动传感器安装位置的选择较多,优先考虑材质较为坚硬的水平面,尽量规避减振的不利影响,反映真实车辆振动[22, 24]。车辆行驶速度对采集的振动数据有较大影响,一般来说车速越高,则车辆振动越剧烈,振动信号幅值越大,反之亦然[31-33]。故在行驶中尽量保持匀速,否则需采用后续数据处理方法消除车速的影响,保证数据可靠。数据采集频率是另一个需要考虑的因素,频率过高导致数据量过大,给数据存储和分析都带来不便,而频率过低可能影响数据质量。获取车辆振动数据后首先进行数据预处理如去噪,提高数据质量及检测结果的可靠性。数据分析可采用时域分析、频域分析等手段,基于信号的深入解析检测路表损坏及平整度,从而实现基于车辆振动的路面表观性状的诊断与评估,有助于道路管养部门科学制定养护策略。

4.4 基于多元数据的铺面性状平台构建与分析技术

4.4.1 技术背景

获取铺面性状检测数据(如材料信号、振动信号、光纤信号)后,对铺面性状进行准确的表达分析有助于更好地指导道路管养,从而保障道路长久运行。传统养护方式缺乏有效的数据表达分析手段,养护部门对铺面性状的调查往往是基于各类路面性状检测方法得到的检测数据,但数据的价值未被完全挖掘出来。利用 ArcGIS 建立管养平台能够充分发挥 GIS 平台在数据采集、分析、模拟和显示方面的巨大优势,结合现在较为成熟的数据可视化技术能够基于数据进行铺面性状的表达与分析,有助于管理者以一种更为直观的方式了解路面损坏状况,同时也能为维修及养护方案的制定提供数据支持[34, 35]。

4.4.2 技术现状与趋势

1999 年，日本提出将动态 GPS 差分应用于数据修正中，结合修正后的检测数据以及 RTK-GPS 数据，应用相应的软件，可对路表形状进行建模，从而实现路面的三维立体表达[36]。近年来，三维 GIS 由于突破了空间信息在二维地图平面中单调表现的束缚，开始应用于数据的三维可视化表达[37-39]，为各行各业以及人们的日常生活提供了更有效的管理、辅助决策支持。戴彬等[40]采用车载激光雷达点云数据对道路进行了三维重建，有效地还原了路面形态。赵雨琪等人[41]，刘茂华等人[42]根据 City Engine 参数化建模的特点，结合道路所具有的结构特点进行道路建模。Singh 等人[26]结合振动信号解析结果及 GPS 数据，识别路面坑槽并进行实时可视化，可跟踪调查道路病害发展情况，有助于道路管养部门对铺面性状进行宏观把控。近年来，随着计算机的运算能力的飞跃式的提高，机器学习、深度学习等人工智能技术进入了飞速发展的阶段，基于神经网络模型来进行特征训练的分类方法开始广泛应用于铺面性状的识别与分类[43-45]。

综上所述，现在较为普遍的是利用神经网络、机器学习等人工智能技术建立识别模型，但需要解决的一个问题是保证模型学习的过程中所必须的大样本量。而对于铺面性状检测数据的三维可视化表达，较为常用的是根据道路的基础信息，建立 GIS 或 BIM 的三维模型。但模型的修改需要在相应的软件中进行，无法实现模型的实时变化。

4.4.3 技术内容

基于数据的铺面性状表达分析技术主要是基于 ArcGIS 建立路面管养平台，在 GIS 中整合基于导电材料、车辆振动及分布式光纤的铺面性状检测数据和道路的历史维修数据等多源异构数据。同时结合路面病害特征与机理，利用人工智能技术建立预学习的铺面分析模型来对 GIS 平台中路面的各类数据进行分析处理，为路面病害的维修和养护方案提供数据支持。与此同时，结合道路的实际情况，利用 WebGL 技术建立跨平台的铺面三维动态实景模型，不仅能够将平台中所接收的路面病害信息实时地在模型中展示，还能根据道路的时空病害数据，展现道路的历史变化，从而实现铺面性状数据的可视化表达，有助于路面管理者更为直观全面地了解路面现状与病害历史，更有针对性地进行养护决策。

本章参考文献

[1] Chung, D D L. Self-monitoring structural materials[J]. Materials Science and Engineering, 1998, 22(02): 57-78.
[2] 唐祖全，李卓球，张华．混凝土路面温度自诊断特性的实验研究 [A]．中国力学学会．第十届全国结构工程学术会议论文集第Ⅱ卷 [C]．中国力学学会，2001．
[3] 吴少鹏，刘小明，磨炼同，等．自诊断沥青混凝土及其应用前景 [J]．华中科技大学学报（城市科学版），2005，03：1-4．
[4] 侯作富，李卓球，王建军．钢筋电极发热混凝土的长期电阻性能研究 [J]．混凝土，2009（11）：1-3．
[5] 崔卫平，孙长军，秦丽娟，等．电极对结构自诊断沥青混凝土电阻率的影响 [J]．建材世界，2013，34（02）：63-65+77．
[6] 杨振华．石墨碳纤维导电沥青混凝土的制备及性能研究 [D]．长沙：长沙理工大学，2015．
[7] 李强，王景钢．沥青路面结构性能检测及衰减程度评价方法 [J]．公路交通科技，2006（02）：23-26．
[8] 姜德生，何伟．光纤光栅传感器的应用概况 [J]．光电子·激光，2002（04）：420-430．
[9] Borotto, M, De Cais, E, Belloli, M, et al. Metrological Performances of Fiber Bragg Grating Sensors and Comparison with Electrical Strain Gauges[C]. Key Engineering Materials. Trans Tech Publications, 2012,495:53-57.
[10] 王建坤，钟阳．利用光纤光栅测量沥青路面结构应力 - 应变场 [D]．大连：大连理工大学，2013．
[11] 钟阳，王建坤，王东明．用于路面结构监测的光纤光栅应变传感器试验研究 [J]．北方交通，2012（12）：1-5．
[12] 王花平，刘婉秋，周智，等．沥青混凝土路面监测用柔性原材料封装光纤传感器设计 [J]．公路，2014（01）：205-209．
[13] 谭忆秋，董泽蛟，田庚亮，等．光纤光栅传感器与沥青混合料协同变形评价方法 [J]．土木建筑与环境工程，2009（02）：100-104．
[14] 谭忆秋，王海朋，马韶军，等．基于光纤光栅传感技术的沥青路面压实监测 [J]．中国公路学报，2014，27（05）：112-117．
[15] MILLER C E. Development of a fiber optic pavement subgrade strain measurement system[Z]. ProQuest LLC, 2000.
[16] 钱振东，黄卫，关永胜，等．BOTDA 在沥青混凝土铺装层裂缝监测中的应用 [J]．东南大学学报（自然科学版），2008（05）：799-803．
[17] Hongduo Zhao, Difei Wu, Mengyuan Zeng, et al. A Vibration-Based Vehicle Classification System using Distributed Optical Sensing Technology[J]. Transportation Research Record, 2018: 1-12.
[18] 李志强．一种沥青路面损坏对路用性能指标影响的分析方法：2018 世界交通运输大会，中国北京，2018[C]．

[19] ALVANDI A, CREMONA C. Assessment of vibration-based damage identification techniques[J]. Journal of Sound and Vibration, 2006,292(1-2):179-202.

[20] FAN W, QIAO P. Vibration-based damage identification methods: A review and comparative study[J]. Structural Health Monitoring, 2011,10(1):83-111.

[21] 朱宏平，余璟．张俊兵．结构损伤动力检测与健康监测研究现状与展望[J]．工程力学，2011（02）：1-11.

[22] SATTAR S, LI S, CHAPMAN M. Road surface monitoring using smartphone sensors: A review[J]. Sensors (Switzerland), 2018,18(11):1-21.

[23] YU B X, YU X. Vibration-based system for pavement condition evaluation, Chicago, IL, United states, 2006[C]. American Society of Civil Engineers, 2006.

[24] ERIKSSON J, GIROD L, HULL B, et al. The Pothole Patrol: Using a mobile sensor network for road surface monitoring, Breckenridge, CO, United states, 2008[C]. Association for Computing Machinery, 2008.

[25] HARIKRISHNAN P M, GOPI V P. Vehicle Vibration Signal Processing for Road Surface Monitoring[J]. IEEE Sensors Journal, 2017,17(16):5192-5197.

[26] SINGH G, BANSAL D, SOFAT S, et al. Smart patrolling: An efficient road surface monitoring using smartphone sensors and crowdsourcing[J]. Pervasive and Mobile Computing, 2017,40:71-88.

[27] WANG H, CHEN C, CHENG D, et al. A Real-Time Pothole Detection Approach for Intelligent Transportation System[J]. Mathematical Problems in Engineering, 2015: 1-7.

[28] YUCHUAN D, CHENGLONG L, DIFEI W, et al. Application of Vehicle Mounted Accelerometers to Measure Pavement Roughness[J]. International Journal of Distributed Sensor Networks, 2016,2016:8413146-8413148.

[29] GONZALEZ A, O'BRIEN E J, LI Y Y, et al. The use of vehicle acceleration measurements to estimate road roughness[J]. Vehicle System Dynamics, 2008,46(6):485-501.

[30] 杜豫川，刘成龙，吴荻非，等．基于车载多传感器的路面平整度检测方法[J]．中国公路学报，2015（06）：1-5.

[31] FOX A, VIJAYA KUMAR B V K, CHEN J, et al. Crowdsourcing undersampled vehicular sensor data for pothole detection, Piscataway, NJ, USA, 2015[C]. IEEE, 2015.

[32] 康熊，曾宇清．车辆振动加速度响应分析的速度—频域方法[J]．中国铁道科学，2012（01）：60-70.

[33] ZENG H, PARK H, FONTAINE M D, et al. Identifying deficient pavement sections by means of an improved acceleration-based metric[J]. Transportation Research Record, 2015,2523:133-142.

[34] GOULIAS D G, GOULIAS K G. GIS in pavement and transport management, Southampton, UK, 2000[C]. WIT Press, 2000.

[35] ZHOU G, WANG L, WANG D, et al. Integration of GIS and data mining technology to enhance the pavement management decision making[J]. Journal of Transportation Engineering, 2010,136(4):332-341.

[36] 琚晓辉，徐凌．国内外道路路况检测车现状分析与比较[J]．养护工程，2014（3）：6-8.

[37] 万剑华，陶为翔，刘国庆．基于GIS和GSM短消息的城市路灯智能管理设计[J]．测绘工程，2007，（03）：52-55.

[38] 朱庆．三维GIS及其在智慧城市中的应用[J]．地球信息科学学报，2014，16（02）：151-157.

[39] 王迪，周艳，张伟东．城市建筑三维快速建模方法的研究与实现[J]．测绘与空间地理信息，2016，（06）：123-125.

[40] 戴彬，钟若飞，胡竞．基于车载激光扫描数据的城市地物三维重建研究[J]．首都师范大学学

报（自然科学版），2011，32（03）：89-96.

[41] 赵雨琪，牟乃夏，张灵先. 利用 City Engine 进行三维校园参数化精细建模 [J]. 测绘通报，2017，（01）：83-86+111.

[42] 刘茂华，杨洋，岳强. City Engine 与 Arc GIS 结合的辅助道路规划设计 [J]. 测绘通报，2016，（12）：64-67+95.

[43] 王博，王霞，陈飞，等. 航拍图像的路面裂缝识别 [J]. 光学学报，2017，37：（08）：126-132.

[44] 车艳丽. 基于深度学习的路面裂缝分类与识别技术研究与实现 [D]. 长安大学，2018.

[45] 沙爱民，童峥，高杰. 基于卷积神经网络的路表病害识别与测量 [J]. 中国公路学报，2018，31（01）：1-10.

5 铺面性状的自主适应技术

5.1 铺面的湿温自调控技术

5.1.1 铺面温度调控技术

1）技术背景

冬季路面可"供暖",夏季路面可"制冷",研发可控制"体温"的智能铺面温度主动调控技术,不仅可抑制由温度引发的病害、显著延长路面服务寿命,而且冬季可融冰化雪、夏季可缓解热岛效应。冬暖夏凉的铺面温度主动调控技术对于实现长寿命、永久开放道路的目标具有积极的支撑作用,同时对于常年冻土、极端寒热地区道路建设具有重要价值。

2）技术内容

铺面温度调控基本原理是通过热辐射、相变吸热、热传导等改变路面热能,进而实现对路面温度的控制。其中,路表热反射涂层是通过强化热辐射控制路面温度,仅适用于控制夏季路面高温;路面材料中掺加高温或低温相变材料,通过固－液相变

孙大权 博士

同济大学,教授,博士生导师
电子邮箱:
dqsun@tongji.edu.cn
主要从事道路材料基础理论、先进道路材料研发、特殊工程铺装技术等领域研究。

吸收热量实现路面温度控制，但温度调节能力受到相变材料掺量的限制。

基于热传导原理的流体加热或制冷技术，主要利用电能、太阳能、浅层地热等能源，结合地源热泵、热管等较为成熟的热交换技术，实现铺面高低温度主动调控。该种技术是"恒温"路面的最具可行性的技术方案，其关键技术是能量的收集、储存与利用。

3）技术现状与趋势

1952 年，Chapman 发表了《路面融雪系统的设计》，初衷是解决路面冬季行车安全问题，但可以看作是路面温度调控研究的开端。2000 年以后，美国 Aklahoma 大学在道路地源热泵（GSHP）方面开展了卓有成效的试验工作。2005 年，日本实施了近 30 个道路温度控制工程，但这些项目主要是提高冬季路面温度，以消除冰雪。2010 年前后，英国在北爱尔兰西部高速公路埋设聚丙烯水管，夏季依靠路面高温对水加热并将热能储存；冬季释放热量以防止路面结冰，并采用太阳能作为辅助能源。芬兰在城市道路上埋设水管，并与居民生活用水、市政排水系统连接，不仅实现了对道路温度的调节，而且促进了能源的循环利用。

以水为热能媒介的流体加热或制冷技术具有建养成本低、可操作性强、绿色无污染等优点，是路面温度主动调节技术的主要发展方向。目前面临的技术难题主要有：协调路面水管与铺面的强度和寿命，加强换热效率，合理设置水管密度和深度等。

5.1.2 路基湿度调控技术

1）技术背景

路基（道基）内的湿度会随着降雨、地下水位、温度、蒸发作用等发生变化。路基湿度的变化直接影响路基的路用特性——模量，会引起路基的弱化、沉陷、脱空等病害。因此，若能采取智能化的手段掌控路基内部的时段状况，并主动进行调节，将有效改善路基内部的湿度状况和力学性能，从而为铺面结构提供均匀、稳定的支撑结构，延长铺面的使用寿命，保障安全。

2）技术内容

（1）公路路基湿度演化规律数值模拟

以路基湿度调研为基础，通过选取渗流计算方程，设定计算边界条件，建立起饱和－非饱和土路基渗流模型；通过地下水水位、降雨蒸发作用以及温度变化对路基湿度作用过程的模拟，得到各个因素单独及两场耦合作用影响下路基湿度演化规律的定量结果。

（2）公路路基湿度调控方法

根据路基湿度调研结果明确湿度调控的对象，并依据路基湿度演化数值模拟的结果得到湿度调控的时机与具体方法；对湿度调控方法进行试验，分析湿度调控试验结果，并根据路基湿度调控标准评价该试验方法的效果。

（3）湿度变化作用下公路路基性能

以回弹模量作为路基性能表征指标，依据公路路基湿度调研结果与数值模拟结果，对公路路基湿度调控的标准进行界定，从而为后续湿度调控的评价提供理论依据。

3）技术现状与趋势

国内外对路基湿度的调控主要集中在设置排水设施，如盲沟、渗沟、排水沟等。近年来，电动土工合成材料（EKG）得到了广泛关注和研究，其难点在于两方面：研发长效耐腐蚀、高能量转换的合成材料；寻找可持续供能的能量来源。同济大学基于国家863科研课题，采用电渗法对路基的主动调节进行了研究和试验，构建了电渗主动调节路基湿度体系，并在湖南省得到了初步的应用。

钱劲松 博士

同济大学，教授，博士生导师
电子邮箱：
qianjs@tongji.edu.cn
主要从事路基路面工程与地基处理方向的研究。

孙大权 博士

同济大学，教授，博士生导师
电子邮箱：
dqsun@tongji.edu.cn
主要从事道路材料基础理论、先进道路材料研发、特殊工程铺装技术等领域研究。

朱兴一 博士

同济大学，教授，博士生导师
电子邮箱：zhuxingyi66@tongji.edu.cn
主要从事智能铺面材料与结构，道路抗滑失效风险评估，道路材料多尺度性能研究。

5.2 铺面损伤的自修复技术

5.2.1 技术背景

疲劳开裂是沥青路面的典型病害，也是沥青铺面面层松散、坑洞以及基层损坏的主要诱因。如果沥青路面的裂缝能像皮肤伤口那样自愈合，"无缝"沥青路面或许能梦想成真。自1976年Bazin等率先报道了沥青混凝土具有疲劳损伤自愈合特性以来，国内外围绕增强沥青混凝土疲劳损伤自愈合能力开展了大量研究，形成了以能量供给、物质补充为原理的两大类强化自愈合能力的自修复技术，为实现长寿面、高性能铺面提供了全新的研究思路和技术措施。

5.2.2 技术内容

（1）主动增强技术

沥青混凝土的疲劳寿命受沥青性质和混合料组成等内部因素影响，而这些因素恰恰是影响沥青混凝土疲劳损伤自愈合速率的关键因素。因此，沥青混凝土疲劳损伤自愈合能力主动增强技术原理为：选择自愈合能力强的沥青以及优化沥青混凝土组成设计，以实现沥青混凝土自愈合能力的主动增强。

（2）被动增强技术

能量供给技术主要通过加热路面促进裂缝愈合。Grant提出沥青混凝土15℃的愈合速率是10℃的3倍以上，Bhasin等研究表明50℃、20min加热可提高寿命 1.4 倍。为使这种方法具有可行性，可以采用掺加导电纤维、石墨等填料使沥青混凝土具有导电能力，通过电加热方式实现能量供给，或掺加铁氧体等微波敏感材料，采用微波加热方式提高温度。

物质补充技术是通过在路面材料中掺加含有黏合剂的中空纤维或胶囊，其原理是裂缝引发中空纤维断裂或胶囊壁开裂，黏合剂流出后封闭裂缝。目前，裂缝自愈合沥青混凝土研究主要借鉴自愈合聚合物的研究成果，并主要采用胶囊技术，见图 5-1、图 5-2。

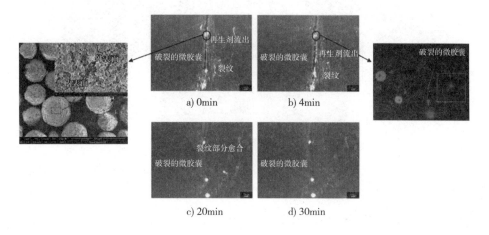

图 5-1 路用微胶囊技术

注：本图参考自

① Daquan Sun, Jinlong Hu, Xingyi Zhu. Size optimization and self-healing evaluation of microcapsules in asphalt binder. Colloid and Polymer Science, 2015, 95, 293: 3505-3516.

② Daquan Sun, Qi Pang, Xingyi Zhu, et al. Enhanced Self-healing Process of Sustainable Asphalt Materials Containing Microcapsules. ACS Sustainable Chemistry & Engineering, 2017, 5 (11): 9881－9893.

③ Daquan Sun, Bin Li, Fangyong Ye, et al. Fatigue behavior of microcapsule-induced self-healing asphalt concrete. Journal of cleaner production, 2018, 188:466-476.

④ Daquan Sun, Tong Lu, Xingyi Zhu, et al. Optimization of synthesis technology to improve the design of asphalt self-healing microcapsules. Construction and Building Materials, 2018, 175: 88-103.

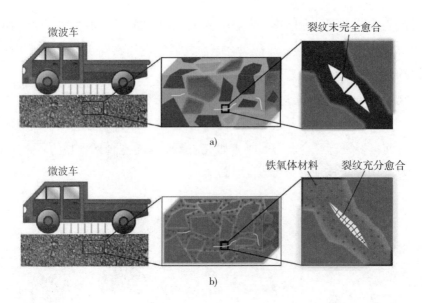

图 5-2 铁氧体微波自愈技术

注：本图参考自
① Hongduo Zhao, Sheng Zhong, Xingyi Zhu. High-efficiency heating characteristics of ferrite-filled asphalt-based composites under microwave irradiation, Journal of Materials in Civil Engineering, 2017, 29 (6): 04017007.
② Xingyi Zhu, Yongsheng Cai, Sheng Zhong, et al. Self-healing efficiency of ferrite-filled asphalt-based composites after microwave irradiation. Construction and Building Materials, 2017, 141(15): 12-22.

5.2.3 技术现状与趋势

20世纪80年代初，美国率先提出自修复聚合物材料的概念，随后美国空军和欧洲太空研究院开展了大量研究和应用。借鉴聚合物自修复技术，以微胶囊为代表的铺面损伤自修复技术发展迅速，荷兰代尔夫特理工大学、天津工业大学、同济大学等研究成果正从试验研究逐步迈向工程应用。未来研究重点是微胶囊控制释放技术，即在适宜的时机主动控制微胶囊的释放。

铺面性状的自主适应技术

5.3 铺面的快速排水技术

5.3.1 技术背景

传统铺面通过道路横坡进行排水，当降雨强度达到一定值时会形成路表径流。特别是当铺面经一段时间的运营之后会产生诸如车辙、波浪、错台等病害，影响排水通道的顺畅排水过程。路表径流会降低路面摩擦系数，在行车作用下产生水漂、水雾等安全隐患，易引发交通事故，造成生命财产的损失。此外，因降雨引起的城市交通拥堵问题也日益严重，影响出行。如何能够将雨水快速就地消散从而迅速排出，成为解决因路表径流带来的一系列问题的关键。透水铺装路面结构具有较大的孔隙率，雨水通过孔隙下渗，然后通过排水设施排出路面结构或者直接渗透到土基中补给地下水[1-4]。

同济大学李辉教授在河北曲港高速服务区进行了重载透水铺装工程实践，传统的高速公路服务区因采用高吸热、不透水的工程材料造成的诸如服务区局部温度过高、产生地表径流、增大雨洪风险及水污染等不利环境影响。此项目通过在高速公路服务区建设过程中引入低影响开发的理念，通过使用全新的低吸热、凉爽、透水透气材料，在建设开发的同时保存或恢复原有的生态环境与功能，降低开发对环境的影响，构建绿色生态服务区。该生态服务区的平面图如图 5-3 所示，采用的透水路面结构形式如图 5-4 所示。

李 辉 博士

同济大学，教授，博士生导师
电子邮箱：hli@tongji.edu.cn
主要从事可持续道路工程领域的科研与教学工作，包括海绵城市透水铺装、凉爽路面等功能性铺装、城市低影响开发、可持续交通基础设施技术与评价等。

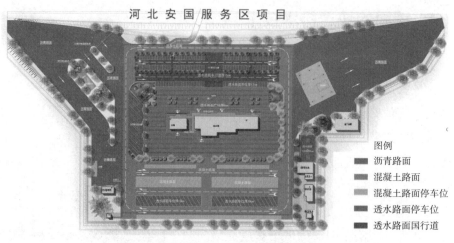

图 5-3 河北曲港高速公路安国服务区平面图

注：服务区内所有绿化为下沉式绿化。

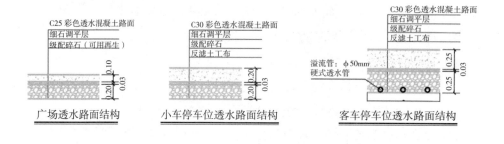

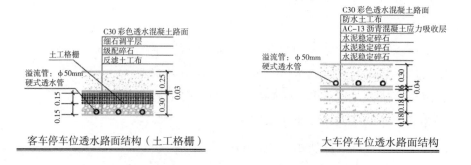

图 5-4 五种透水路面结构

5.3.2 技术现状与趋势

透水铺装路面方面,国际上已开展了相关研究并已在部分区域投入应用,而中国关于此技术的研究虽进行了多年但仍有大量问题亟待解决。已开展研究和应用的透水铺装路面类型有开级配沥青磨耗层(OGFC)、透水式沥青混凝土路面、透水式水泥混凝土路面、透水铺砖路面。目前除开级配沥青磨耗层可作为功能层用于高速道路和市政道路外,其余三种多用于人行道、广场、小区道路、停车场等轻载交通路面中。如何提高透水铺装结构的承载能力,便成为未来研究的一个重要课题。透水铺装结构在行车荷载作用下受动水压力影响产生的水损坏也是关注的研究重点。透水铺装结构内部的孔隙被固体颗粒堵塞影响排水效果的堵塞防治,也是急需解决的问题[4-9]。

5.3.3 技术内容

(1)基于当地降雨条件的路面透水系数和路面结构储水容量要求

不同地区气候条件不同,降雨强度、降雨持续时间和降雨频率也随之变化。因此,需根据各地的具体条件对路面透水系数和路面结构储水容量进行针对性设计,以期迅速将雨水快速排出或蓄存,防止形成大量路表径流。

(2)满足承载力要求的透水铺装路面的材料和结构设计

为满足迅速排水要求,透水铺装结构内部有大量孔隙存在,但由此导致的承载力不足使其应用具有一定局限性。通过对材料、级配、胶结料、成型方法、养护方法、改性剂等进行优化并使用新材料、新方法和新工艺来提高透水铺装的承载力和耐久性,使其能够满足重载交通需求,对于透水铺装路面在更广范围的推广应用具有决定性影响。

透水沥青混凝土路面整体状况及表面细部构造,如图5-5所示。

图 5-5　透水沥青混凝土路面整体状况及表面细部构造

（3）透水铺装路面材料水损害防治

透水铺装路面材料长期处于潮湿状态，特别是雨天在因行车而产生的动水压力以及加速老化的共同作用下，易产生松散和坑洞，降低路面使用寿命。因此，透水铺装路面材料水损害的防治也至关重要。

（4）简单易行且对路面结构不产生损害的养护方法

改进现有的设备或者研发新设备，有效防治透水铺装结构孔隙堵塞的问题，以保持透水铺装结构的透水系数和延长透水铺装功能使用寿命。

5.4 铺面自动融雪化冰技术

5.4.1 技术背景

冬季道路和桥梁结冰或积雪是影响高速公路交通安全，造成高速公路交通事故的一个重要因素。资料表明：冬季的降雪通常会以浮雪、积雪和积冰三种形式滞留于路面。正常干燥沥青路面的摩擦系数为 0.6，雨天路面摩擦系数降为 0.4，雪天则为 0.28，结冰路面只有 0.18，结冰路面汽车制动距离为正常道路的 6~7 倍，极易造成交通事故。在寒冷地区，冬季交通事故率比其他季节高出 20% 左右。根据对世界主要大中城市进行调查得出的结论，因道路结冰造成的交通事故占冬季交通事故总量的 35% 以上。

5.4.2 技术现状与趋势

对路面积雪结冰的处理，各国一直非常重视，并作了大量研究，探索出多种清除路面积雪结冰的方法。

（1）路面外部处理技术。主要有如人工清扫、机械清除、撒盐融化、撒砂抗滑、喷洒融雪液等被动技术措施。显然，这些措施具有滞后性，影响高速公路的快速通行，且部分化学试剂及清除方式会对路面产生一定破坏。

（2）抑制冻结铺装技术。如在沥青混合料中添加盐化物、橡胶颗粒、相变材料等。此方法具有抑冰效果，但融雪功能较低，持续低温时仍难以发挥作用。

（3）热力融冰雪类技术。主要包括导电混凝土、热力管、加热电缆、太阳能加热等方法。其融

孙大权 博士

同济大学，教授，博士生导师
电子邮箱：
dqsun@tongji.edu.cn
主要从事道路材料基础理论、先进道路材料研发、特殊工程铺装技术等领域研究。

冰雪效果较好，但施工过程较为复杂，路用性能难以保证，且运行费用很高。

上述技术在实际工程应用中仍存在一些需要解决的问题。此外，目前各地推广的融雪化冰技术仅针对新建路面，而处于公路交通"咽喉"的在役道路却无相关配套技术。因此，开发具有融雪和抑冰双重功能的新材料，并发展路面低成本改造技术，是提升融雪化冰效率、拓展融雪化冰技术受益面的关键。

5.4.3 技术内容

（1）超薄导电磨耗层技术

以导电环氧沥青作为黏结料，研发可工厂预制，且具有导电、抗滑功能的超薄自融雪沥青地毯（5~10mm），将安全电压（36V）作为电源对沥青地毯进行通电加热，以实现安全、低能耗的路面冰雪融化（图5-6、图5-7）。

（2）发热电缆

电热融雪化冰技术其原理是利用电能通过电缆或者导电路面材料加热路面，通过人工控制开启或者雪量监测系统自动控制开启，在降雪期间使路面温度高于0℃，从而防治道路积雪结冰。

（3）地热管

在路面内部铺设换热管道，将地热传导至路面，融化冰雪。

（4）太阳能加热

在路边建造太阳能转化储热装置，夏季把太阳能存储在路基下的土壤中，在冬季释放能量，融雪除冰。

朱兴一 博士

同济大学，教授，博士生导师

电子邮箱：zhuxingyi66@tongji.edu.cn

主要从事智能铺面材料与结构，道路抗滑失效风险评估，道路材料多尺度性能研究。

铺面性状的自主适应技术

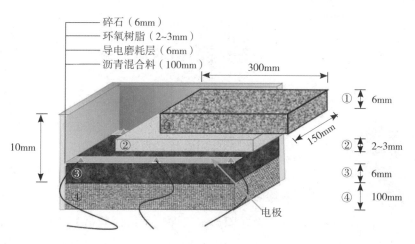

图 5-6 超薄导电磨耗层技术

注：本图参考自

① Daquan Sun, Guoqiang Sun, Xingyi Zhu, et al. Electrical characteristics of conductive ultrathin bonded wearing course for active deicing and snow melting. International Journal of Pavement Engineering, DOI: 10.1080/10298436.2017.1408271.

② 孙大权，孙国强，刘富良．导电超薄抗滑磨耗层长期性能试验研究[J]．建筑材料学报，2017，20（06）：991-995.

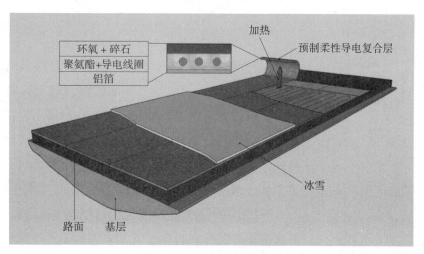

图 5-7 预制自融雪沥青地毯

注：本图参考自

Jian Yang, Xingyi Zhu, Lihan Li, et al. Prefabricated flexible conductive composite overlay for active deicing and snow-melting. Journal of materials in civil engineering, 2018, 30(11): 04018283.

· 067

智能铺面技术新进展
SMART PAVEMENT: STATE-OF-THE-ART AND FUTURE PERSPECTIVES

杨 群 博士

同济大学，教授，博士生导师
电子邮箱：qunyang.w@tongji.edu.cn
主要从事道路工程材料领域的科研工作，包括道路结构与材料、道路养护技术与评估、环境友好型铺面技术开发等。

5.5 铺面自清洁技术

5.5.1 技术背景

随着国民汽车持有量的持续增长，大量的汽车尾气排放对周边空气造成了严重污染。此外，路面在运营几年后，表面会积累大量泥土污物，对于普通路面，会减小其表面抗滑系数，降低行车安全性；对于大孔隙透水路面，不仅会降低其表面抗滑性，而且地面泥土污物会将路面多孔结构堵塞，影响其渗水排水性能。传统清洁方式难以将路面的污物完全去除，且费时费力。铺面的自清洁技术是近年来针对上述现象迅速发展的一项新兴技术，该技术在铺面工程中的成功应用能较好地解决上述问题。

5.5.2 技术现状与趋势

对于铺面自清洁技术，国内外研究较多的均为 TiO_2 光催化分解法。已开展的相关研究及得出的结论有：将 TiO_2 加入水泥基材料中分解附着在其表面的有机物，并且通过光催化将氮氧化物转化为 NO_3^-；研究温、湿度对 TiO_2 光催化效果的影响，结果表明，湿度增加，TiO_2 光催化效果会急剧下降，在 0～25℃的温度范围内，光催化氧化效率随温度升高而提高；研究纳米 TiO_2 对水泥砂浆力学性能和微观结构的影响，结果表明，掺入纳米 TiO_2 后，水泥早期的水化强度明显增加，后期强度和流动性能明显降低；研究发现钛含量和集料级配对涂有 TiO_2

涂层的混凝土铺面分解氮氧化物的速率影响较小，NO 和氮氧化物流动速度增大时，对光催化分解过程有不利影响；关于掺入方式，TiO_2 溶液喷涂法比直接作为外掺剂掺入法光催化效果更好；TiO_2 的加入不改变水泥基复合材料水化产物量和类型，但会影响高延性水泥基复合材料的抗弯拉强度和延性。目前，铺面自清洁技术较为单一，主要是基于 TiO_2 光催化分解技术。进一步的研究除了要对纳米 TiO_2 材料光催化效率的耐久性及其是否会对环境造成不良影响进行研究外，还应考虑开发更多适用的光催化剂，或通过改变铺面结构达到其自清洁效果。

5.5.3 技术内容

铺面的自清洁技术是一项可以使铺面通过自然现象、无须涉及人为操作即可进行自我清洁的技术。铺面上的无机污迹较容易清理，可借助风力和雨水冲刷去除。有机污迹较难去除，目前铺面自清洁技术研究较多的是对有机污迹的清洁。铺面自清洁技术的核心内容为在原有路面材料中加入光催化材料，使得有机污迹通过光催化降解。TiO_2 由于具有催化活性高、稳定性好、价格低廉、对人体无毒害等优点，是目前应用较多的光催化剂。TiO_2 在铺面材料中的加入方式包括直接作为外掺剂掺入和 TiO_2 水溶液喷涂两种形式。纳米二氧化钛经光照射时生成的羟基自由基、超氧离子自由基以及 H_2O 自由基均具有很强的氧化、分解能力，能够将各种有机物直接氧化为 CO_2 和 H_2O 等无机小分子，应用于铺面中不仅可以降解大气中的汽车尾气，还能够分解附着在路表面的有机污迹，使得铺面结构具备自我清洁的能力。

5.6 铺面智能新材料技术

5.6.1 技术背景

随着跨学科技术的进一步交叉相融，道路铺面学科在继续完善道路本身的力学性能、耐久性能和安全性能的基础上，也在向更加智能化，更加

沈士蕙 博士

同济大学，教授，博士生导师
电子邮箱：sshen2@tongji.edu.cn
主要从事道路工程及材料的科研工作，具体包括道路新材料的开发、设计、评价、测试、模拟、应用，以及道路工程的可持续性发展相关的技术研究。

多功能化的方向发展。近年来，由于各种新材料、智能传感器和新的试验制造手段的进步，智能新材料的开发、应用技术的发展尤为引人关注。

5.6.2 技术内容

这些铺面新型材料按其核心技术主要可分为以下四大类：

一是，基于传感器技术的铺面新材料。通过将各种智能传感设备（如应力应变传感器、加速度仪、磁力仪、陀螺仪、温度湿度传感器、光纤光栅传感器、GPS、压力传感器、压电振动传感器等）应用于路面材料的结构层中，路面可以实现：①感应监测交通量和交通流特点，实现交通管理的智能化服务；②监测道路力学特性和路用性能（应力、应变、运动状态、开裂、车辙、温度、湿度、含水率等），记录道路施工养护数据，并具有实时无线数据传输功能，结合大数据分析力学模型等方法，为道路的安全性、耐久性提供保障[20-27, 40]。

二是，基于材料科学、技术的铺面新材料。随着材料科学化工产业的不断发展，路面材料也被赋予新的内涵，新的思路，如：①具有自修复功能的自愈合材料。通过能量补偿（在沥青混合料中添加石墨、导电纤维等使沥青混凝土具有导电能力，并通过电加热、微波加热等方式实现能量供给，使沥青恢复黏弹性，愈合微裂缝），物质补偿（加入掺有修复液的微胶囊或中空纤维，阻止裂缝的发展）等方式，增加材料的使用寿命[10-12]；②具有形状记忆功能的聚合物材料（SMP）。SMP可作为填缝料用于桥面板和水泥混凝土的胀缝中，可以有效保证收缩力和稳定性[13,14]；③可替代沥青的聚合物改性材料和生物沥青材料。聚氨酯改性材料作为一种性能稳定，受外界环境影响小，力学特性优良的新型高性能黏合材料，可作为石油沥青的替代品，用于未来铺面道路。尤其是其常温下更便易的施工条件，对实现道路各种智能化的功能更为灵活。基于各种回收生物材料的生物沥青，用于部分或全部替代传统石油沥青，也是开发的另一个趋势[15,16]；④高性能沥青路面材料基于材料改性技术，纳米技术，化学添加剂、再生材料、纤维添加剂等新型材料技术的研究发展迅速，方向极广，常常以改善沥青混合料的某一项或几项力学性能、路用耐久性（如模量特性，抗开裂、车辙、水损害等性能）为出发点，通过实验室和现场评价，兼顾考虑施工便易性和经济成本，以实现材料的优化，从而推广应用于生产。这方面近年来应用和研究较为广泛的几种代表混合料类型包括：橡胶沥青及温拌沥青混合料，掺入不同比例、不同种类再生材料的沥青混合料，高模量沥青混合料[42]、SBS及其他聚合物改性沥青混合料、纳米改性沥青混合料[41]等。

三是，着眼于能量采集技术的智能铺面材料。这些研究方向包括：基于压电材料的机械能发电[17-21]，基于高速车流的路侧风能发电[22,23]，以及基于太阳能板和声子晶体材料的热能声能发电等[24]。

四是，基于材料自我调节技术的智能铺面材料。这些研究方向包括：①热反射技术，路表热反射涂层或掺加改善热反射性能的化学添加剂[25]；②融雪化冰技术，加入导电纤维、石墨稀等导电材料，通过电热除冰；或通过路面涂层化学添加剂等方式改变道路材料的物理特性，达到融雪化冰的作用[26,27]；③导电[28]；④减振降噪[29]；⑤自清洁等智能技术[30-32,43]。其中一些技术已经比较成熟，并应用于实体工程中。另外，振动式、电容式、光纤式等不同类型的探测结冰传感器也在研究阶段，以待实现实时的道路表面结冰监测，为建立结冰预报和预警系统、建立结冰预测理论模型提供数据[33]。

5.6.3 技术现状与趋势

路面埋入式传感器的未来研究趋势正在向测量结果精确化、仪器使用寿命耐久化、数据采集和传输智能化实时化发展。传统的传感器监测体系存在安装过程复杂、耐久性差、长期稳定性不足、电磁干扰等问题。因此，研究人员开始开发和研究应用于路面的智能传感器。例如，自供电式无线传感器可以实现对路面损坏和受荷历史连续自动监测，并根据监测数据建立疲劳寿命预测模型。带有自愈性能的光纤传感器可以实现在外力作用下的传感器自保护和修复功能。高测量精度的光纤传感器可以在不同应力和温度条件下实现准确的测试。"智能颗粒"是一种集成多种高精度传感元件，具有实时数据传输功能的超小型耐高温智能传感器。通过蓝牙、WIFI、物联网等数据传输方式（见图5-8），可以实现对路面材料在施工和运营过程中受力、变形、运动、温度的实时监测以及破坏预警。设备尺寸小（接近粗集料尺寸），对路面承载力干扰小，外壳可根据需要3D打印成各种形状和表面特性，不受应用环境限制，使用方便、耐久、存活率高（见图5-9）。将智能颗粒组网布设，不仅可以采集路面结构应力应变，也可以监测沥青混合料中集料的运动规律，为沥青路面内部结构信息提供更多的数据[40]。结合大数据分析和力学模型等研究，智能颗粒传感器及类似设备可以实现对未来道路网络的实时监测[40, 47-48]。"智能颗粒"的现场应用情况，如图5-10所示[40, 49]。

对于新型路面材料技术的发展，目前更多的处于实验室研发阶段。很多新的理念，如自愈合道路材料等也被逐步应用于小型试验性工程项目中。未来的研究趋势呼唤更多的跨学科交流和合作，在了解材料科学基本理论的同时，引入各种生物机制和人工智能思想，并开发多尺度下的新材料性能评价方法（力学、光学、声学、电磁学等），结合传统室内试验和现场测量，实现道路材料在不同工程项目中更加安全、耐久、多功能的特性。此外，当新型路面材料暴露在极冷或极热气候条件下、强紫外线或者雨水较多地区时，其性能需要进一步评价。

铺面性状的自主适应技术

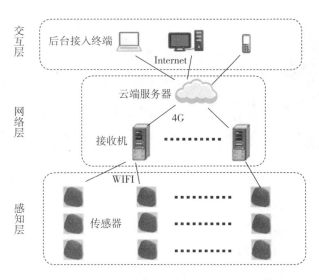

图 5-8 智能颗粒数据传输网络图

图 5-9 智能颗粒与真实集料

图 5-10　智能颗粒的现场施工应用

现有发电路面的研究已经从光能、声能、机械能等方面进行了初步探索。基于对智能发电路面研究成果和应用研究的调查分析，未来可探索的技术新途径为：高性能换能材料应用研究、新型道路结构应用研究、换能材料与结构一体化应用研究和新型能量收集电路的设计研究等。

5.7　铺面材料精准再生技术

5.7.1　技术背景

铺面材料再生技术对于提高资源利用率和减少环境污染具有重要意义。国外对于铺面材料再生技术的研究始于 20 世纪初，并在 20 世纪 70 年代获得了飞速发展[34]。我国自 20 世纪 80 年代以来开展了高等级铺面的大规模建设，近年来随着返修和重建工程量的增加，铺面材料再生技术正越发受到重视，而铺面材料再生的方式也朝着更加精准化和精细化的方向进行[35]。

5.7.2　技术现状与趋势

国外对铺面再生技术的研究开展相对较早且发展较快，在再生沥青混合料拌制工艺及配套技术等方面均取得了很大的成就，并形成了一套完整的沥青再生利用技术，达到了规范化和标准化的程度[36]。我国当前的沥青铺面冷再生（厂拌冷再生、就地冷再生和全深式再生）和热再生（就地热再生和厂拌热再生）没有有效针对不同的铺面使用环境和技术要求来综合确定适宜的铺面再生方式。因此，相应的再生铺面质量难以满足要求，不能够实现再生材料的资源化和有效化。基于国家循环经济发展模式及可持续发展模式的需求，我国应在现有再生技术基础上进行革新，改变过去粗放式的再生模式，逐步向精准化和精细化的方向发展。

5.7.3 技术内容

（1）对已有铺面服役周期内性能的精确判断是精准再生的前提与基础。

充分考虑人、车、环境因素的耦合作用，有效评价铺面服役过程中的材料疲劳老化与结构性能的衰变，利用大数据分析手段和力学模型，通过智能检测设备，精确预测铺面服役过程中性能的演变规律[37, 38]，从而精确判断铺面是否需要维修保养以及采用何种再生技术。

（2）铺面再生材料的精细分类是实现精准再生的重要保障。

铺面结构中各层胶结材料的组成与来源不同，且服役过程中维修养护方案和使用年限的差异较大，导致铺面胶结料性状极其复杂，对其再生利用提出了巨大挑战。可以通过物理和化学手段分离胶结料，利用红外光谱分析、凝胶渗透色谱分析、元素分析和流变学分析等手段对再生材料进行精细分类和分级，从而为精准再生提供重要保障。如图5-11为沥青胶结料通过四组分分离后进行精准分析的示意图，未来的研究方向拟通过超临界萃取手段分离

肖飞鹏　博士

美国注册土木工程师
同济大学，教授，博士生导师
电子邮件：fpxiao@tongji.edu.cn
主要从事道路工程材料领域的科研工作，包括沥青基材料、节能环保材料、纳米和生物沥青技术、新型聚合物改性材料技术研究。

多组分,在精确测定各个组分物理化学性能的前提下通过构建"流变性能—化学结构"的关联模型实现对不同再生胶结料的精细化分类,以此为基础提出相应的再生解决方案,实现再生技术的精准化和智能化。

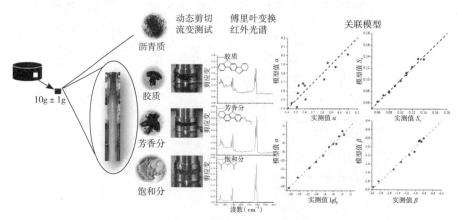

图 5-11　沥青胶结料精准分析示意图

注：本图参考自
Wang J, Wang T, Hou X, et al. Modelling of rheological and chemical properties of asphalt binder considering SARA fraction[J]. Fuel, 2019, 238: 320–330。

（3）铺面再生方式和再生设备的精准选择是实现精准再生的重要核心。

当前的沥青铺面冷再生（厂拌冷再生、就地冷再生和全深式再生）和热再生（就地热再生和厂拌热再生）没有有效针对不同的铺面使用情况和技术要求来综合确定适宜的铺面再生方式,相应的再生路面质量经常受到质疑,不能实现再生材料的资源化和有效化。并且对于再生设备的选择也没有综合考虑铺面实际使用环境与经济因素,从而导致再生路面的性能变异并影响其耐久性。因此,再生方式的精准选择能够保证废旧路面的最大化重复利用[39]。近年来智能压实设备和摊铺设备逐渐推广,其核心技术可以引入铺面再生施工中,从而构建以智能检测、智能分析、智能再生与智能评价为基础的闭环系统。

（4）环境效益是精准再生技术的重要考虑因素。

一方面铺面再生材料的回收利用有利于降低环境负荷,减少新集料与新沥青的使用，另一方面再生材料由于经过长期老化过程，性状发生明显改变，在回收利用过程中各种机械设备的污染物排放与能源消耗大于传统沥青混合料的施工过程。温拌再生技术与冷拌再生技术的使用，在一定程度上缓解了能源的消耗与污染物排放，但是这两种技术的再生铺面质量仍需进一步提高。图5-12和图5-13反映了温拌再生技术与热再生技术的差异。

图5-12 温拌再生技术

注：本图参考自
Xiao F, Putman B, Amirkhanian S. Plant and laboratory compaction effects on performance properties of plant-foamed asphalt mixtures containing RAP[J]. Journal of Materials in Civil Engineering, 2014.

图5-13 热再生技术

（5）良好的全寿命经济效益是精准再生技术的最终目的。

铺面材料的再生利用存在明显的原材料成本优势，大大解决了废旧铺面材料的处理难题，在一定程度上降低了铺面的生产成本。然而目前粗放的铺面再生方式很难确保全寿命经济效益最优，早期损坏严重与大量的维修养护费用是新建路面谨慎考虑再生材料的主要原因。运用智能再生方案，通过小幅提高精细化管理成本能够有效实现铺面全寿命经济效益最大化。因此，立足于全寿命（图 5-14）效益分析的精准再生技术符合铺面技术发展的方向。

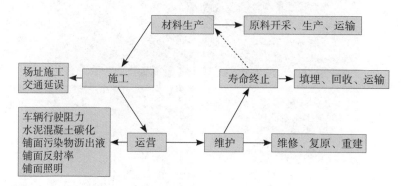

图 5-14　铺面材料全寿命周期示意图

本章参考文献

[1] D. Jones, J. Harvey. H, Hui Li, et al. Laboratory Testing and Modeling for Structural Performance of Fully Permeable Pavements: Final Report, 2013[R].
[2] Hui Li, Jones Pavid, Rongzong Wu, et al. Development and HVS Validation of Design Tables for Interlocking Concrete Pavement: Final Report, 2015[R].
[3] 曹东伟. 排水沥青路面 [M]. 北京：人民交通出版社，2010.
[4] 徐斌. 排水性沥青路面理论与实践 [M]. 北京：人民交通出版社，2011.
[5] 宋中南, 石云兴等. 透水混凝土及其应用技术 [M]. 北京：中国建筑工业出版社，2011.
[6] 蒋甫. 排水性沥青路面路用特性及其衰变规律研究 [D]. 上海：同济大学，2008.
[7] 路贺伟. 多孔水泥混凝土全频域吸声降噪机理及渗流特性分析 [D]. 上海：同济大学，2013.
[8] 邓星鹤. 透水性沥青混合料全程水稳定性研究 [D]. 长沙：长沙理工大学，2012.
[9] 周明刚. 多孔隙沥青混合料堵塞行为特性研究 [D]. 南京：南京林业大学，2014.
[10] Little D N, Bhasin A. Exploring Mechanism of Healing in Asphalt Mixtures and Quantifying its Impact [M]. Self healing materials. Springer Netherlands, 2007: 205-218.
[11] Bhasin A, Bommavaram R, Greenfield M L, et al. Use of molecular dynamics to investigate self-healing mechanisms in asphalt binders[J]. Journal of Materials in Civil Engineering, 2010, 23(4) :

485-492.

[12] Sun, Daquan, Qi Pang, Xingyi Zhu, et al. Enhanced Self-Healing Process of Sustainable Asphalt Materials Containing Microcapsules[J]. ACS Sustainable Chem. Eng. 2017, 5: 9881-9893.

[13] Li G, Xu T. Thermomechanical characterization of shape memory polymer–based self-healing syntactic foam sealant for expansion joints[J]. Journal of Transportation Engineering, 2011, 137(11) : 805-814.

[14] Li G, Nettles D. Thermomechanical characterization of a shape memory polymer based self-repairing syntactic foam[J]. Polymer, 2010, 51(3) : 755-762.

[15] Mills-Beale J, You Z, Fini E, et al. Aging influence on rheology properties of petroleum-based asphalt modified with biobinder[J]. Journal of Materials in Civil Engineering, 2012, 26(2) : 358-366.

[16] Fini E H, Al-Qadi I L, You Z, et al. Partial replacement of asphalt binder with bio-binder: characterisation and modification[J]. International Journal of Pavement Engineering, 2012, 13(6) : 515-522.

[17] 赵鸿铎，梁颖慧，凌建明．基于压电效应的路面能量收集技术 [J]．上海交通大学学报，2011（S1）：62-66．

[18] 赵鸿铎，权晨嘉，林中朴，等．路用叠层弓形压电换能器性能分析 [J]．压电与声光，2016，38（03）：367-371．

[19] Thad Starner. Human powered wearable computing [J]. IBM Systems Journal，1996，35（3-4）：618.

[20] 王朝辉，王海梁，李彦伟，等．压电材料与路面材料一体化发电路面技术研究 [J]．公路交通科技，2016，33（11）：14-19，25．

[21] 孙春华，杜建红，汪红兵，等．路面振动压电俘能器的性能分析 [J]．压电与声光，2013，35（04）：556-560．

[22] 郑世荣．风力发电道路警示组 [P]．中国，CN 201704643 U[P]. 2011-1-12

[23] 王平．发电道路系统 [P]．中国，CN 102374130 A[P]. 2012-03-14

[24] Hasebe M, Kamikawa Y, Meiarashi S. Thermoelectric generators using solar thermal energy in heated road pavement[C]// Thermoelectrics, 2006. ICT'06. 25th International Conference on. IEEE, 2006: 697-700.

[25] Hu J, Yu X. Experimental study of sustainable asphalt binder: Influence of thermochromic materials[J]. Transportation Research Record: Journal of the Transportation Research Board, 2013(2372) : 108-115.

[26] Goh S W, Akin M, You Z, et al. Effect of deicing solutions on the tensile strength of micro-or nano-modified asphalt mixture[J]. Construction and Building Materials, 2011, 25(1) : 195-200.

[27] 张洪伟，韩森，张丽娟，等．盐化物沥青混凝土抑制结冰与融雪试验 [J]．长安大学学报（自然科学版），2011，31（02）：17-20．

[28] 唐祖全，李卓球，侯作富，等．导电混凝土路面材料的性能分析及导电组分选择 [J]．混凝土，2002（04）：28-31．

[29] 曹卫东，葛剑敏，周海生，等．骨架密实型降噪路面的试验研究及应用 [J]．同济大学学报（自然科学版），2006（08）：1026-1030．

[30] 荆扬扬．自清洁透水砖关键技术和工艺的研究 [D]．大连：大连工业大学，2013．

[31] Liu W, Wang S Y, Zhang J, et al. Photocatalytic degradation of vehicle exhausts on asphalt pavement by TiO 2/rubber composite structure[J]. Construction and Building Materials, 2015, 81: 224-232.

[32] Yinfei D, Qin S, Shengyue W. Bidirectional heat induced structure of asphalt pavement for

reducing pavement temperature[J]. Applied Thermal Engineering, 2015, 75: 298-306.

[33] 但汉成，刘扬，凌桂香，等. 光纤式结冰传感器探测沥青路面结冰过程 [J]. 公路交通科技，2014，31（04）：7-15

[34] Xiao F, Amirkhanian SN, Juang CH. Rutting resistance of rubberized asphalt concrete pavements containing reclaimed asphalt pavement mixtures[J]. Journal Materials in civil Engineering, ASCE 19(6) : 475-483.

[35] 陈启宗. 我国沥青路面再生技术与设备的现状和展望 [J]. 现代公路，2005，12：36-46.

[36] Kandhal PS. Recycling of asphalt pavement—an overview[J]. Journal Association Asphalt Paving Technology, 1997, 66: 686-703.

[37] Xiao F. Development of fatigue predictive models of rubberized asphalt concrete(RAC) containing reclaimed asphalt pavement(RAP) mixtures[D]. Clemson, SC, USA: Clemson University 2006.

[38] Xiao F, Amirkhanian SN. Rheological characteristics investigation of high percentage RAP binders with WMA technology at various aging states[J], Construction and Building Materials, 2005, 98: 315-324.

[39] M. Zaumanis, R.B. Mallick, L. Poulikakos, et al., Influence of six rejuvenators on the performance properties of Reclaimed Asphalt Pavement(RAP) binder and 100% recycled asphalt mixtures[J]. Construction and Building Materials, 2014, 71: 538-550.

[40] Wang Xue, Shihui Shen, Hai Huang, et al. Characterization of particle movement in Superpave gyratory compactor at meso-scale using SmartRock sensors[J]. Journal of Construction and Building Materials, 2018, 175: 206-214.

[41] Yang, Jun, Susan Tighe. A Review of Advances of Nanotechnology in Asphalt Mixtures[J]. Procedia-Social and Behavioral Sciences, 2013, 96: 1269-1276.

[42] Denneman, D. E, Petho. L, Beecroft. A, et al. High Modulus High Fatigue Resistance Asphalt(EME2) Technology Transfer[M]. Sydney: Austroads Ltd, 2014.

[43] Shen Shihui, Maria Burton, Bertram Jobson et al. Pervious Concrete with Titanium Dioxide as a Photocatalyst Compound for a Greener Urban Road Environment[J]. Journal of Construction and Building Materials, 2015, 25: 874-883.

[44] Liu S , Huang H , Qiu T. Laboratory Development and Testing of "SmartRock" for Railroad Ballast Using Discrete Element Modeling [R]. In 2015 Joint Rail Conference (pp. V001T01A019-V001T01A019). American Society of Mechanical Engineers

[45] Liu S, Huang H, Qiu T, et al. Effect of geogrid on railroad ballast particle movement [J]. Transportation Geotechnics, 2016, 9: 110-122.

[46] Liu S, Huang H, Qiu T, et al. Comparison of Laboratory Testing Using SmartRock and Discrete Element Modeling of Ballast Particle Movement [J]. Journal of Materials in Civil Engineering, 2017, 29(3): D6016001.

[47] Liu S , T Qiu, Y Qian, et al. Simulations of Large-Scale Triaxial Shear Tests on Ballast Aggregates Using Sensing Mechanism and Real-Time (SMART) Computing [J].Computers and Geotechnics, 2019, Vol. 110.

[48] Liu S , H Huang, T Qiu, et al. Sensing Mechanism and Real-Time Computing for Granular Materials [J]. Journal of Computing in Civil Engineering, 2018, 32(4).

[49] Wang X., Shen S , Huang H , et al. Towards Smart Compaction: Particle Movement Characteristics from Laboratory to the Field [R]. Conference proceedings of the 98th Transportation Research Board Annual Meeting, 2019, No. 19-05583.

6

铺面信息的动态交互技术

6.1 铺面使用者的信息交互

6.1.1 技术背景

在过去和未来相当一段时间内，人都是道路的使用者，人、车、路三者组成了完整的道路系统。为了缓解道路交通拥堵状况、提高道路通行能力、改善道路交通安全状况，并建立一种大范围、全方位，实时准确、安全高效的综合交通运输管理与服务系统，需要实现人、车、路三位一体协调发展，实现人、车、路三者之间的信息共享、协同与交互。

6.1.2 技术现状与趋势

随着智能交通系统研究的蓬勃涌现，数据融合技术成为了智能交通系统实现的重要技术途径。Sumner 在 1991 年发表的文章中首次强调了数据融合技术在智能交通系统中的重要性[1]。之后，多源数据融合技术在智能交通系统中的应用研究广泛展开。数据融合技术在国内外智能交通系统中

杜豫川 博士

同济大学，教授，博士生导师
电子邮箱：ycdu@tongji.edu.cn
主要从事智能交通、智能路面设施、公共交通管理、停车系统规划设计等方向。

也早有应用案例。如先进旅行者信息系统（Advanced Traveler Information Systems，ATIS）可以提供给用户旅行所需的多种交通信息。在 ATIS 中，来自于不同种类的交通检测器的海量交通检测数据被自动采集到信息中心，然后通过数据处理、融合和分析等过程，得到对当前和未来交通状况的估计和预测，最后把相关信息发布给用户使用。先进的驾驶员辅助系统（Advanced Driver Assistance Systems，ADAS）通过数据融合技术利用多种传感器信息，准确描述车辆周围的交通环境信息[2, 3]。

在未来基于移动互联技术的信息交互将成为热点。然而我国在现阶段，基于移动互联技术的智能交通应用服务还处在起步阶段[4]。首先，移动互联终端作为交通信息采集手段的作用还未充分发挥；其次，绝大部分出行服务功能较为单一，缺乏综合性，且没有全局范围内的智能优化；最后，基于移动互联技术的智能交通服务主要由商业公司推出，缺乏交通管理部门的参与，也缺乏与其他交通管控手段的结合。

6.1.3 技术内容

道路与使用者的信息包含两方面：一方面，通过路侧感知技术获得的道路与交通信息。路侧感知技术包括交通信息采集技术、非机动车和行人检测技术、路面状态及气象环境检测技术；另一方面，从人可以采集到的数据包括驾驶行为数据、付费行为数据和出行行为数据，重点在于对这些数据融合与信息发布。数据融合（Data Fusion）也称作信息融合，是一个信息综合与处理的过程。其一般的定义是：利用计算机技术对按时序获得的若干传感器的观测信息在一定准则下加以自动分析、综合，以完成所需的决策和估计任务而进行的信息处理过程[5]。通过对数据分析和处理，为道路使用者提供安全、高效、完善、方便的出行建议，满足人们出行的多样化、个性化需求。

6.2 铺面与车辆的信息交互

6.2.1 技术背景

早在 20 世纪 60 年代，国外就已经产生在道路交通方面的信息、通信技术应用，从而使道路和车辆更加协调，交通更加系统化，并有助于减少交通拥堵和交通公害，提高交通安全性。实现这一构想的主要手段就是通过道路与非机动车、机动车等车辆的信息交互，实现交通引导、管制与自动驾驶等。

6.2.2 技术现状与趋势

近几年，美国已建立起相对完善的车队管理、公交出行信息、电子收费和交通需求管理等 4 大系统及多个子系统和技术规范标准[6]。未来，美国把智能路面研究纳入了美国安全体系的构建中。日本政府对智能路面技术领域的研究和开发投入了大量的资金，制定了许多相关扶持政策，推动其发展。目前，日本智能道路研究与应用开发工作主要围绕车辆信息通信系统（Vehicle Information and Communication System，VICS）、电子收费系统（Electronic Toll Collection，ETC）、先进道路支援系统（Advanced Highway System，AHS）3 个方面进行。欧盟在智能道路的研究开发模式与日本类似，在 2004 年欧盟提出了智能交通整体体系框架（FRAME）计划，将各国的体系框架统一[7]。

今后一个总的发展趋势是智能车路的协同研究与实现，车路分离的现状终将被改变。车路之间、车车之间会建立有效的信息沟通，极大地提高车辆与道路使用效率，减少交通安全事故的发生。

6.2.3 技术内容

车路信息交互是基于无线通信、传感探测等技术获取车辆和道路信息，通过车路通信进行交互和共享，实现车辆和基础设施之间智能协同与配合的技术。目的在于优化利用系统资源、提高道路交通安全、缓解交通拥堵，是车路协同系统的重要组成部分[8, 9]。具体来说，该技术由嵌入道路系统的车路间通信系统、各种传感器网络、有线/无线数据传输网络以及集成和应用上述硬件于 ITS 服务的框架组成。

交互的信息包含两个部分：一部分由车辆采集到的数据信息，车辆信息数据、车辆实时位置数据、公交车运营数据、出租车运营数据、众包路况数据组成；另一部分是关于道路的数据信息，卫星影像数据、航空摄影数据和道路基础设施数据。智能道路实时感知车辆运行状态及驾驶行为，实时感知车外道路上其他运行的车辆、行人或周边的静止物体等信息，实时感知和准确采集全路网的车辆位置、速度、行程时间和交通流信息，实时感知或检测道路沿线的冰雪雨雾冻等气象与路况信息。[10]

通过车-路通信可建立车辆与路侧装置之间的联系，首先便于实现车辆对前方道路交通与环境路况等信息的实时获知，即车辆能及时接收到路侧装置发送的前方路况信息；其次能够将车辆自身感知的交通环境信息有选择性地反馈给路侧装置。通过路-路通信可以实现将前方的交通与路况信息逐个向后方的路侧通信模块传递，继而显示在路侧信息发布装置上或传输给后方的其他车辆[3, 6]。

6.3 铺面与管理者的信息交互

6.3.1 技术背景

铺面与管理者之间的信息交互是以高效实施以下行为为目的：对铺面状态进行评估，得到信息并实时获取信息，通过交互信息通道和网络迅速传布给各类需要者，作为道路管理者可以及时发出反馈信息，养护者可以根据反馈信息实施合理措施。总而言之，管理者可以高效、精准地与铺面进行信息交互，制定出最佳修复养护战略，而养护者也可以根据透明清晰的信息交互落实战略措施，最终保证铺面所有者在有限的资金下有效应对各类挑战[12]。具体有以下支持技术：

基于视频和 3D 等技术的路面损坏智能检测系统、基于视频二维图像的路面裂缝检测技术，具有直观、信息量大、特征丰富等特点，通过图像分析方法可获取较为全面的路面状况信息[12,13]。近些年，基于激光等 3D 信息的路面裂缝检测方法不受轮胎痕迹、阴影、光照不均等干扰因素的影响，具有更高的识别率和更低的误判率。这些技术的出现都可以保证快速、准确地获取作为信息源的铺面状态，实现信息交互的第一步。

6.3.2 技术现状与发展趋势

互联网＋下的信息快速传播存储系统是交通信息化发展的必然趋势。我国的 PMS 数据库一直存在数据库不完整的问题，具体表现在低等级公路没有路面使用性能数据库，以及地方与地方之间的数据库无法通用的情况。

而随着 3G 和 4G 技术的普及和大数据系统的建立，信息交互第一步产生后，铺面的文字、图片甚至是视频都可以通过无线网实时快速地传播到分析管理中心。并且，随着 GIS 的引入，PMS 的发展也日益健壮，基于 GIS 的 PMS 最终将评价分析数据统一为 GIS 可视的空间数据和属性数据，在 GIS 层面上可以方便地实现资源共享，共享资源后的 PMS 拥有更多的评价数据，可以系统完整地评价某条公路和整个区域内的公路，避免了重复统计和评价不全面的问题，大大提高了道路养护管理的经济效益[14]。

基于移动 GIS 的普适化和可视化的养护终端系统可以增强自身的功能性，传统的 PMS 设计具有多样化和专业化的特点[15]，一线养护工作者使用难度大，首先需要对对应的 PMS 进行学习，其次在使用过程中也需要所学人员进行指导，成本较高。而基于 GIS 的 PMS 可以把道路的损坏情况直观地标识在地图相应位置，根据 GIS 可以精确到 1m，一线部门就可以直观地看到道路的损坏情况及相应的精确位置。同时，利用 GIS 的空间分析功能，嵌入评价模型，可以决定路面各个损坏位置是否需要修补，同样也可以精确地标识在地图上。一线养护工作者可以从移动端直观地了解到需要修补的地方，大大提高了工作效率[16]。

6.3.3 技术内容

随着大数据时代的到来，各类数据分析技术也日渐丰富和成熟。通常在信息交互的情况下，信息实时分析的路面管理系统能获取到更多、更准确的数据，基于历史数据分析，可以建立起全寿命的养护方案，并对各类养护计划覆盖下的"意外"损害及时作出反应，调整养护计划。在系统的开发研究中，运用了大量的 GIS、Google Earth 等计算机技术，这样使得新的高速公路路面养护管理系统的评价结果更加全面、精准，使用方法更加便捷。而我国的路面管理系统研究起步较晚，开始于第七个五年计划，由于应用的驱动，发展比较迅速，但是仍和国外有一定的差距。一方面是由于国外的计算机信息技术一直处于领先水平，另外一个重要原因是我国路面管理系统借鉴了大量国外的经验，而我国地广，地形、天气等地理条件复杂，因此借鉴来的经验缺少对我国实际情况的针对性，不能很好地满足养护管理的需求。而将 GIS、BIM 等地理信息技术引入 PMS 后，可以建立全国大范围的路面使用性能评价的数据库，评价结果都以统一的 GIS 空间数据和属性数据的形式进行展示，以便实现资源共享。在大量数据的基础下，各个地区可以针对实际数据不断完善系统，提高针对性，同时不断将路面使用性能评价的数据反馈到统一的 GIS 层面的空间数据和属性数据，形成系统成长和路面评价的良性循环。在 PMS 历史数据得到积累后再利用 GIS 的数据分析功能，对路面历史数据的积累和使用情况进行跟踪研究，使理论得到进一步的发展和完善。

同时解决路面质量信息的标准化问题，提高现有 PMS 系统的适用性，提高对异端交通情况的感知和处理能力。

本章参考文献

[1] Sumner R. Data fusion in PathFinder and TravTek[C]//Vehicle Navigation and Information Systems Conference, 1991, IEEE, 1991, 2: 71-75.
[2] 孙大林，蒋大明. 信息融合技术在智能交通安全系统中的应用 [J]. 中国安全生产科学技术，2006，2（4）：61-64.

[3] 李泽，吕能超，吴超仲，等.车路协同环境下行人目标信息融合算法研究[J].交通信息与安全，2015（06）：48-53.
[4] CSDN：企业移动应用与BYOD：移动互联大势所趋[EB/OL].https://www.csdn.net/article/2013-11-14/2817505-BYOD，2013.
[5] 郁文贤，雍少为，郭桂蓉.多传感器信息融合技术述评[J].国防科技大学学报，1994（03）.
[6] 彭登，徐建闽，林培群.城市车路协同系统的通信及定位技术研究[J].计算机工程与设计，2011（03）：859-862.
[7] 陈超，吕植勇，付姗姗，等.国内外车路协同系统发展现状综述[J].交通信息与安全，2011（01）：102-105，109.
[8] 蔡志理，孙丰瑞，韦凌翔，等.基于车联网技术的车路协同系统设计[J].山东交通学院学报，2011（04）：17-23.
[9] 罗亮红.基于ZigBee的车路协同关键技术研究[D].广州：华南理工大学，2010.
[10] Toulminet G, Boussuge J, Laurgeau C. Comparative synthesis of the 3 main European projects dealing with Cooperative Systems(CVIS, SAFESPOT and COOPERS) and description of COOPERS Demonstration Site 4[C]// 2008 11th International IEEE Conference on Intelligent Transportation Systems. IEEE, 2008: 809-814.
[11] Papadimitratos P, De La Fortelle A, Evenssen K, et al. Vehicular communication systems: Enabling technologies, applications, and future outlook on intelligent transportation[J]. IEEE Communications Magazine, 2009, 47(11) : 84-95.
[12] 杜豫川，刘成龙，吴荻非，等.基于车载多传感器的路面平整度检测方法[J].中国公路学报，2015，28（6）：1-5.
[13] 杜豫川，张晓明，刘成龙，等.基于红外图像和普通图像对比的高速公路可视度分析[J].交通运输系统工程与信息，2016，16（4）：73-78.
[14] 彭霞.基于路面管理系统的高速公路沥青路面养护策略研究[D].广州：华南理工大学，2014.
[15] 徐莹.浅谈我国路面管理系统的应用和发展[J].城市建设理论研究，2014.
[16] 蒋科.基于GIS的路面管理系统探讨[J].公路交通技术，2017，33（4）：48-50.

7 智能铺面的持续供能技术

7.1 铺面设施的持续供能策略

7.1.1 技术背景

为了使铺面具备智能能力、发挥智能能力，需要持续的能量供应。如何给智能铺面供应能量，需要根据各类智能能力的不同、所需能量的大小及智能铺面所处的地理环境等综合决定。因此，在针对不同智能铺面设施时如何兼顾效率、成本、环境确定功能的策略，成为智能铺面研究中不可或缺的内容。

赵鸿铎 博士

同济大学，教授，博士生导师
电子邮箱：hdzhao@tongji.edu.cn
主要从事道路与机场智能铺面技术的研究。

7.1.2 技术内容

铺面设施的持续供能策略包括智能铺面能耗需求分析、各类能量的可获得能力分析、采用不同来源供应能量的成本分析、各类供能方式的环境分析、分布式可再生能源的获取与利用等。

7.1.3 技术现状与发展趋势

在已有铺面的能量供应中大部分仍然需要依靠既有电网进行供电，如各类传感器的供电、融雪化冰系统的供电、信息传输系统的供电、各类通信设施的供电等。国内外，依靠风能、太阳能、机械能、热能等给各类低功耗传感器和交通警示装置等供电得到了大量应用。如基于振动能量收集的自供电传感器、基于太阳能的交通信号灯、基于太阳能的铺面结冰状态检测装置等。因而，对铺面范围内设施的供电基本形成了以公共电网为主、可再生能源为辅的格局。

面向未来，分布式再生能源系统将得到长足发展，因而，对智能铺面所具有长大、带状等特征，发展可再生能源的自足供能是未来的发展趋势。应充分利用道路等设施的通道资源，在铺面内部、路侧、地下等位置充分开发风能、热能、光能、潮汐能、机械能等的能量收集与利用技术。

7.2 道路能量收集技术

7.2.1 技术背景

路面中蕴含有大量可利用的绿色能源。路面作为交通基础设施，能直接与阳光接触的部分面积较大，因此能够作为太阳光能收集的场所[1, 2]。沥青路面由于自身呈现深色，材料具有极佳的集热性能，在阳光照射下往往能够达到很高的温度。同时由于土壤具有较好的蓄热功能，这就为路面内部热能的

张宏超 博士

同济大学，教授，博士生导师
电子邮箱：zhanghc@tongji.edu.cn
主要从事道路养护对策、道路工程材料以及道路能量收集技术。

收集提供了多种可能[3, 4]。车辆在路面行驶时，会向路面传递机械振动[5]。这部分机械能若不加以利用，便会在路面内部耗散。因此路面内部的机械能收集，不仅可以达到能量收集的目的，还能对路面内部的结构损伤起到改善作用[6, 7]。

7.2.2 技术现状与趋势

路面能量收集方面，国际上开展了相关研究，而我国关于此技术的研究尚处于起步阶段。在路面光能收集方面，最为常用的便是直接使用太阳能电池板作为路面[1]，或在路面上直接加铺一层太阳能电池片[2]，目前在欧洲已经有实际的商业应用。路面热能收集方面，最常用的便是在路面内埋入管道，通过管道内的介质作为热能传递的媒介，通常使用的是水，也有通过空气或直接使用热管[5]，其在欧洲已有商业应用，国内也有成熟的分析模型。路面机械能收集最常用的途径是使用压电器件。通过将压电换能器埋入路面内部，实现机械能向电能的转化[8]。目前国内外均处于室内试验阶段，在实际道路中的现场应用还不成熟。

7.2.3 技术内容

（1）太阳能电池板路面铺设技术

直接在路表铺筑太阳能电池板，是对路面光能收集的最简单途径。掌握太阳能电池板与下部基层、路基的协同工作机理，是保证太阳能公路长期性能和寿命的关键。路面作为行车的支撑物，表面抗滑等性能会极大影响行车安全，因此太阳能电池板作为路面材料，需要对其表面进行特殊处理。

（2）基于路面埋管技术的路面热能收集

在路面中埋入管道，通过管道中的介质进行热能的传递是可行的热能收集方法。路面自身材料性能、管材材料、埋设位置及数量、管道内部介质的材料选择及流速等，均对能量收集效率产生影响，需要对其进行逐一优化与特殊设计。

（3）基于压电技术的路面机械能收集

选择合适的压电器件结构，是提升压电能量收集效率的有效途径。结合现有的压电器件及阵列特点，通过精细数值模型分析及多尺度试验，构建器件阵列与路面协同工作方法。

埋有压电器件的车辙板制作如图 7-1 所示。

图 7-1　埋有压电器件的车辙板制作

7.3 道路绿色能量综合利用

7.3.1　技术背景

路面中蕴含有大量可利用的绿色能源。对路面内部收集到的能量进行综合利用，相比简单地对能量进行存储，具有更大的价值。通过光伏路面转换得到的能量，用于道路两侧的路灯、融雪设施供电、交通附属设施供电等已经在中国得到了成功实践。由于路面内热能收集并没有通过热电转化过程，直接将路面内部收集到的热能用于周边设施的供暖，具有较高的能量使用效率。热能的收集除了用于周边设施，也可用于路面除冰。在路面机械能收集方面，最为常用的技术是压电能量收集技术[9-13]。压电器件在车辆荷载下产生的电信号与荷载本身的特性相关，因此通过

赵鸿铎 博士

同济大学，教授，博士生导师
电子邮箱：hdzhao@tongji.edu.cn
主要从事道路与机场智能铺面技术的研究。

分析压电器件电信号，可以起到交通信息检测和结构健康检测的作用。

7.3.2 技术现状与趋势

路面绿色能量利用方面，国内外均进行了较多的尝试。对周边设施供暖的基础是基于路面埋管技术的路面热能收集技术，目前在欧洲已有实际的商业应用[15]。路面自除冰技术有多种实现途径。在基于热能收集的路面除冰技术方面，英国已有商业机构进行了尝试，国内也有学者建立了一整套完整的模型。目前，在美国也有学者对基于压电技术的路面除冰进行了室内试验分析。在压电传感方面，使用最为广泛的便是使用压电传感器对车辆进行称重，国内外均进行了现场测试，目前的研究重点在于传感器精度的提升，以及对于电信号的处理算法优化。

7.3.3 技术内容

（1）基于光伏路面的综合利用技术

通过光伏路面或路域范围内的光伏发电系统获得能量，可以与公用电网并网或独立运行，可用于道路所有的设施、装置和系统的供电。

（2）基于热能收集技术的周边设施供暖

基于路面埋管技术的路面热能收集，在传递热能方面具有较优的性能，而现有的温差发电技术并不能高效地将热能转化为电能。通过将附近民用的供暖系统与路面埋入的管线对接，直接将路面内的热能用于周边设施的供暖，能保证能量的高效利用[15]。

（3）路面自除冰技术

掌握地基土壤蓄热的机理，是实现路面自除冰的重要基础。结合路面热能收集，土壤蓄热得到的完整太阳能——土壤融雪系统是实现路面自除冰的有效技术手段。通过精细数值方法，可以有效计算整个系统的能量利用效率[18]。

（4）压电称重技术

压电信号与车辆荷载的大小具有直接的关联。通过对压电器件结构及材料的改进及信号处理算法的优化，能够降低车辆行驶速度对称重结果的影响。在路面内部进行传感器合理布设，能够进一步对车辆轮迹信息进行采集[19, 20]。

英国路面太阳能收集系统路面除冰效果，如图7-2所示。

图7-2　英国路面太阳能收集系统路面除冰效果

本章参考文献

[1] Van B, L Houben., A Scarpas, et al. Using Pavement as Solar Collector: Effect on Pavement Temperature and Structural Response[J]. In Transportation Research Record: Journal of the Transportation Research Board. No. 1778, Transportation Research Board of the National Academies, Washington, D.C., 2001: 140-148.

[2] Gao Q, Y Huang, M Li, et al. Experimental Study of Slab Solar Collection on the Hydronic System of Road[J]. Solar Energy, 2010, 84, 2096-2102.

[3] How Ground Source Heat Pumps work. http: //www.icax.co.uk/How_Ground_Source_Heat_Pumps_Work.html.

[4] 王家主. 热管对沥青混凝土温度场调节的室内模拟 [J]. 公路, 2011（4）: 105-109.

[5] Zhang Z W, H J Xiang, Z F Shi. Modeling on Piezoelectrical energy Harvesting from Pavements under Traffic Loads[J]. Journal of Intelligent Material Systems and Structures, 2015: 1-12.

[6] Xiang, H J, J J Wang, et al. Theoretical Analysis of Piezoelectrical energy Harvesting from Traffic Induced Deformation of Pavements[J]. Smart Materials and Structures, 2013, 22(9): 1-9.

[7] Yao L, Zhao H D, Dong Z Y, et al. Laboratory Testing of Piezoelectric Bridge Transducers for Asphalt Pavement Energy Harvesting[J]. Key Engineering Materials, 2011, 492: 172-175.

[8] Zhao H, Ling J, Yu J. A comparative analysis of piezoelectric transducers for harvesting energy from asphalt pavement[J]. Journal- Ceramic Society Japan, 2012, 120(1404): 317-323.

[9] 陶宇杰. 沥青混凝土路面与压电换能器耦合研究 [D]. 上海: 同济大学, 2013.

[10] 覃路遥. 压电换能器与沥青路面的协同机理及优化 [D]. 上海: 同济大学, 2015.

[11] Xiong H. Piezoelectric Energy Harvesting for Roadways[J]. Virginia Tech, 2015.

[12] 王庆艳. 太阳能-土壤蓄热融雪系统路基得热和融雪机理研究 [D]. 大连: 大连理工大学, 2007.

[13] 庞清楠. 太阳能-土壤蓄热融雪系统应用软件开发 [D]. 大连: 大连理工大学, 2013.

[14] de Bondt, R Jansen. Generation and Saving of Energy via Asphalt Pavement Surfaces. http: //www.roadenergysystems.nl/.

[15] Loomans M, Oversloot H, De-bondt A H, et al. Design Tool for the Thermal Energy Potential of Asphalt Pavements[C]. Proceedings of 8th International IBPSA Conferenoe. Eindhoven, Netherlands: IBPSA, 2003: 745-752.

[16] 高青, 刘研, 林密. 应用于道路融雪中太阳能集热蓄能和地下换热器影响作用研究 [J]. 太阳能学报, 2010, 31（7）: 845-850.

[17] G. L. [Invisible Heating Systems] Taking solar power out on the road[J]. Fast Company, 2007, 113: 92.

[18] 陈明宇. 导热沥青混凝土路面太阳能集热及融雪化冰研究 [D]. 武汉: 武汉理工大学, 2011.

[19] 孙秀雅. 基于压电薄膜轴传感器的动态称重系统的研发 [D]. 合肥: 合肥工业大学, 2014.

[20] 李启超. 基于压电传感器不同级配混凝土梁损伤识别 [D]. 武汉: 华中科技大学, 2012.

面向智能网联车与主动安全的智能铺面技术

8.1 基于铺面感知的车辆导引技术

8.1.1 技术背景

随着智能交通研究和实践的持续升温，特别是车路协同技术的发展，车辆的行车引导技术从过去的道路引导，发展到对车道、车速的引导，从对单车的引导，发展到对车队、车群的引导。通过在车道上埋设感应设施，并且通过车路通信等方式实现对车辆安全、高效和准确的引导，是当前智能道路发展的一个重要方面。

8.1.2 技术现状与趋势

基于铺面感知的车辆导引技术方面，国际上开展了相关研究，而我国关于此技术的研究尚处于初步研究阶段。目前的相关技术包括：①电磁导航技术。这是较为传统的导引方式之一，目前仍被许多

杨 轸 博士

同济大学，副研究员，博士生导师
电子邮箱：
yangzhen5719@tongji.edu.cn
主要从事道路安全领域的科研工作，包括交通BIM、道路安全设计、运营安全管理与控制、安全评价与改善等。

系统采用，它是在"自动导引运输车"（AGV）的行驶路径上埋设金属线，并在金属线加载导引频率，通过对导引频率的识别来实现 AGV 的导引[1-4]；② RFID 引导技术。当前基于 RFID 的智能交通系统分别由铺设于路面的 RFID 标签、安装在车辆上的读卡器、信息处理单元、信息共享单元四部分组成。用于车辆引导需求的 RFID 信息的获取要求高速读写和相对远距离，通常采用有源超高频，这方面技术门槛较高，日本和欧洲较为成熟，国内发展较晚，技术相对欠缺。无源电子标签的维护相对容易并且成本较低，所以在道路范围内铺设大量标签是可行的，但在远距离高速读写技术上需要进一步突破[5-11]；③ LED 动态引导。嵌入地面的 LED 灯与交通感知结合起来时，就可以给交通参与者提供视觉上的信息和交通指示。路面 LED 动态指示与诱导的推广有赖于供电技术的突破，2006 年美国爱达荷州 Julie 与 Scott Brusaw 夫妇开始研究太阳能发电路面，并获得成功[12]。每块太阳能电池板都带有 LED 灯，这使得交通信息直接显示在路面上成为可能。该技术将在 66 号公路上开展示范应用。

8.1.3 技术内容

（1）现场车道级车辆位置与行驶状态感知技术

针对复杂交通环境区段（如平面交叉口、互通立交合流或交织区）、危险路段（如小半径曲线段、视距不良区段、雾区）等特殊地段，研发路面嵌入式或预埋式传感技术，实时检测车辆的运动位置（车道级）、车辆的速度及其变化趋势、车型甚至载重等车辆运行信息，为行车安全和车辆交通引导提供必要的信息。

车辆运动状态感知技术如图 8-1 所示。

（2）车辆实时风险判别技术

对周边一定范围内的车辆位置及运动状态进行感知，考虑道路行车条件（如曲线半径、道路纵坡等）、行车优先规则、车辆运行状态改变概率，基于交通冲突相关理念，研究车辆实时运行风险，给出风险严重程度的判别[13]。

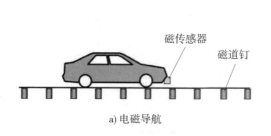

a) 电磁导航

b) RFID 标签

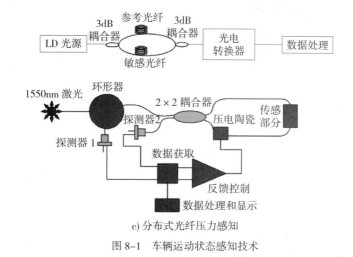

c) 分布式光纤压力感知

图 8-1　车辆运动状态感知技术

（3）行车风险预警与智能引导技术

在智能车辆与智能路面之间形成高速移动下的无线通信能力，将预警信息、前方道路交通状态信息、实时风险类型、车辆状态控制、车道通行状态信息等传递给车载系统，并通过图像、语音、警示灯等方式对驾驶员行车进行引导。同样，对于非智能车辆，通过路面嵌入式 LED 灯组的光电控制，提供车道行驶、危险信息、安全车速信息等，从而实现更大范围的智能引导与安全服务[14]。

无信号交叉口实时运行风险判别图示如图 8-2 所示。

无信号 T 形交叉口实时运行风险预警与智能引导如图 8-3 所示。

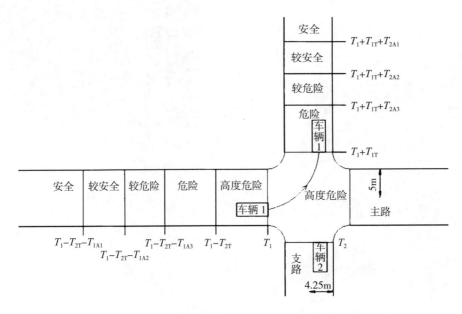

图 8-2 无信号交叉口实时运行风险判别图示

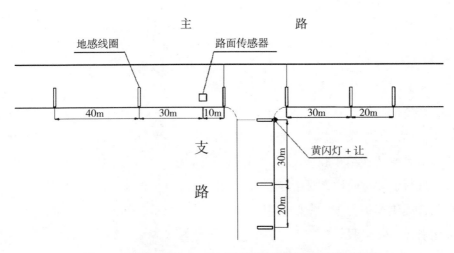

图 8-3 无信号 T 形交叉口实时运行风险预警与智能引导示意图

8.2 瞬态抗滑能力评判与预警技术

8.2.1 技术背景

对抗滑失效风险的准确预判有助于驾驶员做出更为恰当的操作，以避免潜在的事故。在湿滑状态下，由于高速驾驶，汽车的制动抗滑性能对水膜厚度的变化更为敏感，而水膜厚度受降雨、排水、横纵坡、路面纹理等的影响，导致路面上不同位置处的水膜厚度在不同时刻均不相同。因此，实现抗滑失效风险的准确评估的前提条件是对湿滑状态参数的精准掌握。感知技术是获取湿滑状态参数的有效途径，但针对湿滑状态的感知技术一直没有得到系统解决。此外，湿滑状态参数还必须与抗滑失效风险建立关联，而连接的桥梁就是对抗滑行为的理解。

8.2.2 技术现状与趋势

湿滑状态监测和感知方面，国际上开展了相关研究，而我国关于此技术的研究尚处于起步阶段。已开展的路面湿滑状态识别方法有：热谱地图技术，通过观察时序热谱图，识别持续降温区域，以判断湿滑点；电化学极化技术，通过测量道路表面电导率和电化学极化，判断干、湿、冰、雪、霜在内的道路表面状态；遥感技术，利用微波雷达极化原理，计算辐射处的介电常数或散射系数，以识别路面覆盖物性质及厚度；光电传感技术，利用仪器内部光线反射状态来检测雨雪的有无和量值；基于视频图像的路面状态传感器，通过高效视频监视进行图像

朱兴一 博士

同济大学，教授，博士生导师
电子邮箱：zhuxingyi66@tongji.edu.cn
主要从事智能铺面材料与结构，道路抗滑失效风险评估，道路材料多尺度性能研究。

处理，对路面状态进行识别判断。上述传感器在实际使用时存在传感器精度、灵敏度、路面协调性等方面的问题。

8.2.3 技术内容

（1）基于现场感知技术的湿滑状态参数获取

汽车的抗滑能力对水膜厚度变化尤为敏感，而水膜厚度由于受到降水和排水、路面纹理、路面不平度的影响而动态变化。因此，需要以水膜厚度实时感知为重点，并集成路面环境信息和汽车运行信息，构建湿滑状态现场感知方法。

某时刻道路全域范围内的水膜厚度分布，如图8-4所示。

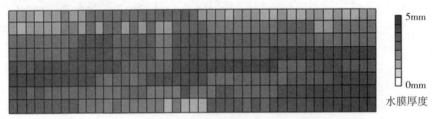

图8-4 某时刻道路全域范围的水膜厚度分布图

（2）多因素激励下湿滑路面抗滑行为解析

掌握汽车在湿滑路面上的制动抗滑行为，是联系湿滑状态与抗滑失效风险的纽带。抗滑行为具有瞬时性、动态性、空间性和流－固耦合特征，可采用数值仿真的方法，解析多因素激励下汽车制动抗滑行为的衰变规律。

轮组－水膜－路面有限元局部精细仿真模型，如图8-5所示。

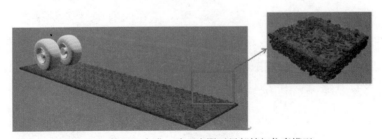

图8-5 轮组－水膜－路面有限元局部精细仿真模型

（3）湿滑路面抗滑失效判断与风险评估

基于已建立的抗滑行为衰变方程，结合多因素概率统计方法构建抗滑失效风险模型，分析湿滑状态参数对抗滑失效风险概率的影响及其敏感性，以此获得与湿滑状态参数挂钩的抗滑失效标准与风险等级。

8.3 车辆行驶轨迹监测与预警技术

8.3.1 技术背景

智能交通系统（ITS）是有效解决地面道路交通问题的最佳途径和发展方向。ITS能否高效运行，关键取决于能否获得全面、准确、实时的动态道路交通流信息。车辆检测是ITS多个组成部分工作的前提，只有在有效检测出车辆的情况下才能进行接下来的工作。目前采用视频车辆检测去采集车辆行车轨迹的方法仍然存在一定的问题，像重叠车辆影像的辨识、能见度低时的图像识别等。而铺面是车辆行驶的载体，未来的智能铺面能否结合传感器、智能车联网等技术实现对车辆的检测和识别，从而进一步进行行驶轨迹的监测和预判，对未来路网的安全顺畅运行有重要意义。

陈 丰 博士

同济大学，副教授，博士生导师
电子邮箱：fengchen@tongji.edu.cn
主要从事交通安全、交通数据统计分析、驾驶模拟器试验、风工程、地下道路引导等的基础及前沿课题研究工作。

8.3.2 技术现状与趋势

目前国内外对于行车轨迹监测和预判已有一定研究。针对行车轨迹检测来说，到目前为止，航空摄影、摄像、激光、超声波和微波传感器、GPS和蜂窝定位技术都已应用于行车轨迹线数据的提取中。Smith 利用航拍大规模采集行车轨迹线的数据，用于高速公路车辆间相互作用的研究；Wei .H 提出一种自动化收集行车轨迹线数据的方法，应用视频图像捕捉的方法提取多个车辆的行车轨迹线数据，并应用于微观交通流模型。Ervin 等使用摄像机和采用卡尔曼滤波来采集平滑的行车轨迹线数据，从而得到车辆运动环境下的评估。Punzcetal 应用 GPS 技术收集行车轨迹线数据[25-31]。

从目前的研究现状来看，针对车辆的检测与跟踪大多还是以视频识别技术为依托，但视频识别技术存在一定的弊端，例如对光线变化的自适应性差，重叠情况无法准确识别，跟踪可靠性低等。能否利用智能铺面布设传感器，结合智能车联网技术，实现对车辆的识别和连续跟踪，以实现对行车轨迹的监测和预判，将是未来智能铺面的研究热点之一。

8.3.3 技术内容

智能铺面未来可以结合车联网技术，通过铺面内预埋传感器实现对车辆行驶轨迹的实时监测。

对车辆行车轨迹的监测和预判可以分为以下几方面：

（1）车辆实时行车轨迹监测。通过铺面内预埋传感器实现对车辆行驶轨迹的实时监测。

（2）车辆历史行车轨迹监测与分析。结合智能车联网技术，实现对车辆的识别，以及对历史行车轨迹监测数据的存储和分析。

（3）基于实时监测的车辆实时轨迹预判。基于实时监测数据对车辆运行轨迹进行预判。

（4）基于历史监测的行车路线与目的地预判。结合历史监测与实时定位，对车辆行车路线与目的地进行预判，为车辆引导及交通流预测提供依据。

目前国内外对于行车轨迹预测已有一定研究，但如何通过铺面进行行车轨迹的实时监测，并利用监测数据进行行车轨迹预判的研究仍有欠缺。未来的智能铺面通过传感器可以对车辆实时行车轨迹进行监测，通过算法对行车状态进行分析和预判，对危险行车状态进行预警，通过车联网技术

面向智能网联车与主动安全的智能铺面技术

对危险车辆及周边车辆发出实时提醒和警告，保障行车安全。同时，行车轨迹监测数据可为事故再现提供依据。

另外，结合智能车联网技术，实现对铺面上行驶车辆的识别与定位，将车辆的行车轨迹监测数据传送至服务器进行存储与分析，对车辆行为、历史路线、行车习惯进行分析，为每辆车建立行车轨迹历史档案，从而实现对车辆行车路线、目的地的提前预测。根据大量的单车预测，对路网交通流状态进行预测和分析，为交通管理和控制提供依据。同时，结合未来的路面智能诱导技术，对车辆进行路线诱导，保障未来智能路网的安全畅通。

8.4 交通事件的捕获与回溯技术

8.4.1 技术背景

在高速公路和城市快速路上，停车、倒车等事件是引发交通事故的重要原因。而其他事件，如拥堵事件、散落物事件、超限超载事件等也时有发生。如何准确、及时地对这些事件进行捕获成为避免事故发生的关键[32]。而如果事故一旦不可避免地发生，交通事件回溯技术又将为事故认定提供有力的技术支撑。在智能铺面系统中，实时对交通事件进行捕获和反馈对现有的技术手段提出了更高的要求[33]。

8.4.2 技术现状与趋势

在现有的技术手段中，视频检测法是交通事件捕获与回溯的主要方法，其主要包括灰度等级法、

王俊骅 博士

同济大学，教授，博士生导师
电子邮箱：benwjh@163.com
研究领域：主要从事道路交通安全领域的科研工作，包括：道路交通安全大数据挖掘、道路安全管理与控制技术、车联网环境下的安全运行控制、道路安全设计、驾驶人行为等。

· 103

背景差分法、帧差法、边缘检测法等。这些方法常因环境和光线变化而导致检测结果不理想，而且近十年也未在检测精度上有所突破。而微波雷达检测和地磁检测具有检测器安装简单、维修方便、受昼夜、气候、阴影和环境等影响小的特点，明显优于视频检测，更适用于智能铺面，会是进一步研究的方向。

8.4.3 技术内容

同济大学基于微波雷达追踪和地磁感应，对交通事件的捕捉和回溯进行了一些研究和开发工作。通过微波雷达追踪运动车辆轨迹，加上图像技术识别车辆牌照并在微波轨迹上标定车辆，可以较为准确的检测追溯事件过程。地磁感应检测方法能够判断车辆经过及行进方向，以此车速估算轨迹，具有一定的实用性。但不足之处是，大部分方案假设车辆匀速经过检测器，而在实际交通场景中，车辆随时都可能暂停、加速或减速，所以现有技术的应用范围十分有限，完全不能满足智能铺面发展的高标准要求[35]。在现有技术上，如何相互校正并融合微波检测、视频图像检测及地磁感应检测，准确、实时地对智能铺面上的车辆信息进行捕获和回溯成为研究的重点[36]。

8.5 舒适度导向的网联车速度预控技术

8.5.1 技术背景

行驶舒适度是除行驶安全、出行效率之外，第三个影响驾驶员出行感受的重要因素。传统的交通管理与控制技术大都专注于提高交通安全、减少交通拥堵等方面，忽略了路面舒适程度的影响[39]。近几年，各大汽车厂商纷纷将研发重点由高效安全向舒适方便的角度转变。在汽车领域，诸多汽车厂商通过检测车辆的舒适性程度，进而调整座椅方向，减少振动冲击的影响。不过这种调整的效果十分有限，难以从根本上提高出行的舒适度。因此，道路管理者提出基于舒适度导向的网联车速度控制技术，以提高出行体验。

8.5.2 技术现状与趋势

在路面质量参数智能检测领域，传统的人工检测方法有水准仪法、断面仪法等，经过近半个世纪的发展，研发出颠簸累积仪等机械化设备。目前使用最为广泛的为激光平整度检测仪，检测效率高、速度快，但测量结果的时效性低。近几年逐步发展出基于车载传感器、摄像识别、光纤技术等快速检测技术，可以实现实时的数据互通。在车路通信与车车通信方面主要采用 DSRC、ZIGBEE 等短程无线通信技术，可以实现快速、稳定的数据对接，提高数据传输的实时性。在车辆的控制策略上除传统的纵向控制与横向控制外，还建立了响应式控制模式，利用双曲函数等速度衰变模型减少在减速与加速过程中的不舒适问题[40, 41]。

未来的智能路面发展要与车辆系统构成一体化的运维环境，打通路面质量检测管理与车辆调度运营的屏障，建立响应式的管理模式，通过智能化的路面检测技术和手段，保障车辆出行安全与舒适性[42, 43]。目前，无人驾驶技术正不断提高车辆的感知能力，自动驾驶汽车的舒适性问题有望通过智能化路面管理技术得以解决[44]。

杜豫川 博士

同济大学，教授，博士生导师
电子邮箱：ycdu@tongji.edu.cn
主要从事智能交通、智能路面设施、公共交通管理、停车系统规划设计等方向。

8.5.3 技术内容

（1）多源路面质量数据采集技术

路面质量是影响行车舒适度的重要因素之一，传统的人工路面质量数据采集具有耗时费力、操作烦琐等问题，难以高频、大范围地测量使用。随着物联网技术的不断发展，基于激光、振动传感器、视频识别等的快速路面质量采集技术也在不断完善。为保证车辆网级的实时速度控制，需要以道路质量环境感知为重点，基于车联网、物联网等技术构建快速的多源质量数据采集技术，帮助车辆进行速度决策。

（2）路面质量与行车舒适度的作用解析

行车舒适度与路面质量、行车环境、驾驶速度、车辆类型等具有错综复杂的关系。在既定的条件下，解析这些因素对于车辆舒适性的影响是进行速度控制的关键，需要利用数据挖掘、模糊分析、多元回归等方法建立量化的数学模型，指导网联车辆的速度配置。

（3）网联车速度预控技术

舒适度导向的速度控制的关键是选择合适的速度变化曲线[45]。如果加（减）速度过大，虽然可以较快地完成速度变化，但可能导致减速过程人体不舒适；如果加（减）速度太小，虽然可以提高驾驶过程的舒适性，但全过程所需的时间和距离较长，在许多路况条件下无法实现。因此，应结合驾驶员实际的身体感受，平衡两种不舒适的来源，并选择合理的加减速参数，保证在运行过程中，既能满足舒适度要求，又能满足运行效率的要求。

速度变化参数与加（减）速距离和行驶舒适性的关系，如图8-6所示。

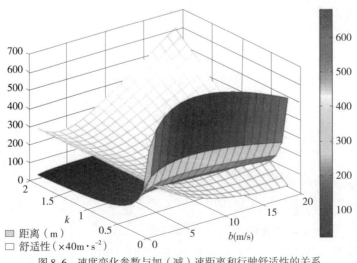

图8-6　速度变化参数与加（减）速距离和行驶舒适性的关系

8.6 铺面的智能无线充电技术

8.6.1 技术背景

铺面的智能无线充电技术主要面向电动汽车的实时充电。而电动汽车以其绿色环保、低驾驶成本等特点，正逐渐成为国际上汽车领域的主流发展趋势。电动汽车的能量来源为电能，传统的插入式充电方式是目前主要的充电技术，但其充电时间较长，且有公共充电设施匮乏等缺陷，已成为制约电动汽车普及推广的瓶颈之一。近几年，无线充电技术取得了较为显著的发展，尤其是电磁耦合技术，已经成功应用于电动汽车的静态无线充电。而对于动态无线充电技术，近几年也得以大量研究，对于该技术的应用设想，在于将供电线圈链埋设于铺面结构内，实现为行驶状态或停靠状态下的电动汽车不间断地进行无线充电，能够有效延长电动汽车的行驶里程。

张宏超 博士

同济大学，教授，博士生导师
电子邮箱：zhanghc@tongji.edu.cn
主要从事道路养护对策、道路工程材料以及道路能量收集技术。

8.6.2 技术内容

主流的铺面无线充电技术包括：远场充电和近场充电。前者的原理在于将电能以激光或者微波的形式进行传输，而后者技术在于将电能以电磁波的形式进行传输。目前较为成熟的技术是后者，实施方式为：发射装置埋设于道路结构内，通电后将电能转换为电磁波，电动汽车经过时，其装配的接收装置能够将电磁波转换为电能对车辆进行实时充电。而铺面无线充电技术的主要技术内容主要涉及：

传输装置的构造、埋深、埋设间距、传输频率、功率以及发射装置与接收装置的距离等。而评价该技术的指标多为能量传输效率。此外，如何与铺面结构协调工作，也是该技术的研究内容之一。

8.6.3 技术现状与趋势

在智能无线充电技术研究方面，其研究主要集中在欧美、日本、韩国等汽车工业较为发达的地区和国家。日本作为率先开始进行车辆无线充电技术研究的国家，已于2011年宣布开发出无线充电系统，2014年将原型充电装置布设于车辆上方和地面下，预计2~3年后投入市场。其采用的WiTricity技术已经能够达到90%的能量传输效率和3.3kW的传输功率。而在欧美，庞巴迪公司、Momentum Dynamics公司、HEVO Power公司等，也都研发出超过90%传输效率的无线充电技术，传输功率甚至可以达到200kW，其中Momentum Dynamics公司提出的技术，接收端与发射端的距离可以达到61cm。而在实际应用方面，日本尼桑公司尝试采用CA砂浆将发射线圈封装于路面顶层3cm下。测试结果表明，进行1kW以上的电力传输，其效率可达到90%。在韩国，研究者尝试将无线充电技术用于首尔市公园的电动观光车，并将发射线圈埋设于路面面层和基层之间，采用环氧树脂砂浆进行填充和封装，面层采用沥青混合料铺筑，预期将实现100kW电力传输，效率保证在80%以上。

铺面的智能无线充电技术目前还处于试验阶段，还未有大范围的实际运用。其未来的研究趋势主要在于：如何提高电能的无线传输效率，提高发射功率，充电装置与路面结构的协同工作以及充电装置最优的布设方式等。

8.7 基于铺面感知的交通控制与诱导技术

数据的精细化将为交通控制和诱导提供前所未有的创新和实践空间，进而实现更好的交通服务。一般而言，动态交通控制和诱导大多基于检测器提供的实时数据。随着车辆、通信等技术的进步，智能网联车辆数据也被引入交通控制和诱导的算法及系统中。铺面感知数据对交通控制和诱导而言，是相对较为新颖的数据源，其研究和应用亟待突破。在百度搜索引擎中，以"铺面感知 数据 交通控制 交通诱导"为关键词进行搜索，有约850条数据，但尚没有直接将铺面感知数据用于交通控制和诱导的案例。然而大量铺面感知数据的获取，很可能为交通控制和诱导效率的提升创造巨大的机会。

8.7.1 技术背景

随着智能交通行业的发展，交通控制与诱导技术逐渐发展成熟。其中，基于车联网的交通控制技术发展迅猛，其包括车联网环境下交叉口交通流微观控制技术，现有的基于微波检测、视频检测等定点检测技术，基于 GPS 的信息采集技术和基于 RFID 的信息采集技术等。

智能铺面技术能获取车辆轨迹数据，为实现车辆运行状态的获取、判别和预测提供了可能；融合道路、环境等相关数据，对驾驶特性进行安全评价和风险识别，有助于减少因驾驶员对环境变化认识的不充分所造成的事故，也将对道路实时安全预警与驾驶诱导提供积极的理论支撑和技术保障；为驾驶员提供以油耗最小为目标的驾驶诱导信息，以达到节能减排目的。

马万经 博士

同济大学，教授，博士生导师
电子邮箱：mawanjing@tongji.edu.cn
主要从事交通控制与设计、车路协同和共享交通理论与关键技术研究。

孙 剑 博士

同济大学，教授，博士生导师
电子邮箱：sunjian@tongji.edu.cn
主要从事交通仿真、交通流理论与智能交通系统关键技术研究。

8.7.2 技术现状及趋势

基于铺面感知的交通控制与诱导技术现有研究较少，可以借鉴的方面包括：车辆运行状态分析技术、车辆安全预警与诱导技术、车辆经济驾驶诱导技术、车联网环境下的控制和诱导技术。

车辆运行状态分析技术采用隐马尔科夫模型（Hidden Markov Model，HMM），基于车辆运行状态参数、环境参数和驾驶员视觉行为参数等，对驾驶行为进行预测及意图识别。该技术研究起步较晚，多从一类变量入手，尚不能全面解释驾驶意图阶段的人–车–路协同系统的状态。随着研究的深入，国外成果基本上涵盖了以上三类变量的组合。

车辆安全预警与诱导是智能交通系统的重要功能之一。美国启动了智能汽车先导项目，该项目是以主动避障系统为中心；奔驰汽车公司、欧洲多家汽车制造厂和零部件企业以及多所大学共同制订了 Prometheus 计划，通过研发一种智能化的电子保护装置，能够以提醒或者主动控制的方式保护驾驶员，更加易于使用和减轻驾驶员的心理负担。国内前期主要集中在对交通要素的分立研究，之后将朝着把交通活动视为全程的、完整的行为模式方向发展，对各交通要素之间关联性进行论证，对安全隐患致因因素的模糊性、随机性、交错性、互动性进行分析。

车辆经济驾驶诱导技术在国外开展得比较早，如日本的 NISSAN 公司、HONDA 公司、NISSAN 剑桥研究院，美国的 MIT、FORD 公司做了非常多的经济性驾驶辅助系统的开发工作。经济性驾驶辅助的基本思想是：通过实时反馈、提示等手段辅助驾驶员全面掌握车辆的运行状态以及正确操作油门、制动和挡位，以降低行车过程中的油耗。该技术可一定程度上削弱行车油耗与驾驶员个体习惯的关联性，克服驾驶员教育方法的缺陷。

车联网环境下的控制和诱导技术目前还处于研究测试阶段，典型的有欧盟的车路协同系统（CVIS）、美国的 IntelliDrive SM 系统、Safety Pilot 项目和日本的 Smartway 系统等。

8.7.3 技术内容

（1）车辆运行状态分析技术

①车辆运行状态的表征参数（速度、加速度、车身横摆角度、车辆横向位移等）提取；

②超车、左右换道、左右转弯、起步、停车等驾驶意图识别；

③车辆运行轨迹预测。

（2）车辆安全预警与诱导技术

①前方碰撞预警（FCW）；

②车道偏离预警（LDW）；

车道偏离预警系统主要由HUD抬头显示器、摄像头、控制器以及传感器组成。当车道偏离系统开启时，摄像头（一般安置在车身侧面或后视镜位置）会时刻采集行驶车道的标识线，通过图像处理获得汽车在当前车道中的位置参数，当检测到汽车偏离车道时，传感器会及时收集车辆数据和驾驶员的操作状态，之后由控制器发出警报信号，整个过程大约在0.5s内完成，为驾驶员提供更多的反应时间。

③疲劳或精神分散状态预警；

④自适应巡航控制（ACC）；

⑤夜间行车安全辅助。

（3）车辆经济驾驶诱导技术

①油耗最优模型构建与最优驾驶策略求解；

②实时油耗及状态反馈；

③节油操作视觉提示；

④反馈式油门踏板引导。

（4）基于车联网的交通控制及诱导技术

①交通信息的采集技术；

②车辆跟踪处理、自动违章处理和智能交通调控；

③交通事故自动识别和预判；

④基于抽样轨迹的信号控制技术。

8.8 车路一体化风险评估与预警技术

8.8.1 车路一体化

"车路一体化"是指通过高可靠稳定的通信网联技术将智能网联汽车和智能交通设施更全面、更立体地融合，实现共同感知、共同决策、实时动态地开展车辆控制、交通管理和设施监管，并利用智慧交通脑全方位地实现人－车－路－云的有效协同，保证交通安全，提高通行效率，实现安全、高效和环保的先进车路一体化道路交通系统。

车路一体化由三个主要部分构成，即智能网联汽车、智慧交通设施和智慧交通脑：

（1）智慧交通脑。是兼备云计算、AI技术、交通大数据和交通工程的智慧交通脑。

（2）智能交通设施。综合考虑"人－车－路－环境"相互作用和协同，重新定义和诠释智能交通设施的规划、设计、结构、材料、建造、监测、协同等理论和技术。

（3）智能网联汽车。智能网联汽车（Intelligent Connected Vehicle，ICV），是车联网与智能车的有机联合，通过搭载先进的车载传感器、控制器、执行器等装置，融合现代通信与网络技术，实现车与人、车、路、智慧交通脑等智能信息交换共享，实现安全、舒适、节能、高效行驶。

车路一体化是车路协同（Cooperative Vehicle Infrastructure System，CVIS）的深化和进一步发展。车路协同控制技术，备受国内外科研人员关注，是

涂辉招 博士

同济大学，教授，博士生导师
电子邮箱：huizhaotu@tongji.edu.cn
主要从事交通风险管理、智能网联汽车与智慧交通、交通行为分析和交通规划的基础及前沿课题研究工作等。

世界交通发达国家的研究、发展与应用热点，涉及智能车载系统、智能路侧系统、车/路通信技术、车/路控制技术[58,64,65,66-70]。

国外车路协同的发展状况统计，见表8-1。

表8-1 国外车路协同的发展状况统计表

国家及地区	项目	主要内容	特点
美国	VII（04-08）	基于DSRC的道路基础设施建设	侧重车路协同
	CICAS（04-08）	安全辅助驾驶	
	IntelliDrive（09-）	战略计划扩充通信标准	
欧洲	CVIS（06-10）	通过基础通信牵引应用开发	注重标准制定
	SafeSpot（06-10）	基于车车通信的安全辅助驾驶	
	Coopers（06-10）	基于车路通信的交通信息共享	
日本	DSSS（97-）	早期项目，基于红外信标的安全辅助驾驶	侧重车车协同应用导向
	SmartWay（04-）	基于DSRC的安全辅助驾驶/交通信息服务	
	ASV（01-）	基于车车通信的安全协调控制（DSRC/700MHz）	

8.8.2 基于车路协同的行人车辆碰撞风险识别和预警技术[57]

（1）技术背景

自行车与行人等慢行交通参与者保护措施相对脆弱，易受到道路交通事故的伤害。驾驶员因素被认为是道路交通事故的主要致因。为了减少因驾驶员失误导致的交通事故，车路协同CVIS技术被提出并初步应用于特定试验场景。车路协同CVIS技术扩展了车辆对周边环境的感知范围和信息精细度，为更准确地进行行人碰撞风险识别和预警提供了可能。

（2）技术内容

为了提高行人与车辆碰撞风险识别和预警效果，车路协同CVIS基于车路、车云等信息交互，识别多行驶状态下车辆与障碍物的风险，并采取适当的预警或控制措施。碰撞预警主要包括语音提醒和视觉警；主动避碰主要有制动减速。双重避碰措施可以让驾驶员作出主动反应避免丧失驾驶主动性从而避免频繁的减速与制动，使得驾驶过程更加舒适化。

（3）技术现状与趋势

现有行人与车辆碰撞风险识别与决策方法主要存在以下问题：①风险信息来源仅依靠车载设备，风险识别范围有限；②未分级识别风险等级并采取针对性措施，预警对驾驶员的干预较大；③预警模式单一，未考虑驾驶员在实际驾驶过程中的驾驶和反应状态；④多数算法仅针对直道行驶场景，不能用于换道等复杂环境。未来行人与车辆碰撞风险识别与决策研究主要有以下趋势：①采用车路一体化技术来获取识别碰撞风险所需的信息；②对多行驶状态下的行人与车辆碰撞风险作出分级识别；③结合驾驶员驾驶状态识别采取针对性的阶梯式避碰措施。

8.8.3 基于车路协同的城市交叉口交通安全风险评估与预警技术[59]

（1）技术背景

城市交叉口涉及机动车、非机动车、行人等交通参与者，实现出行方向的转换，是城市道路交通系统的重要组成部分。城市交叉口的交通状况复杂多变，导致交叉口成了城市道路交通事故的多发区域。

（2）技术内容

交叉口的道路设施条件、交通控制、交通流、交通安全状况等是影响交叉口安全状况的关键因素。基于车路协同的城市交叉口交通安全风险评估与预警技术将这几大因素分解成具体的若干指标。其中诸如交叉口车道设置情况、渠化情况、几何结构、交通标志、交通标线、信号灯等指标属于静态安全风险指标，而交叉口的行人违规率、驾驶员的违章率以及左转弯车辆数、货车的数量、交通事故率（发生率、死亡率）等指标属于动态安全风险指标。基于车路协同的城市交叉口交通安全风险评估与预警，通过对交叉口的交通安全风险因子进行分析，建立相应的预测模型，最后使用构建的模型对交叉口的交通安全风险进行预警。

评估城市道路各个交叉口交通安全风险，研判交叉口安全风险等级，并制定相应的预警信息，由此将预警信息输入存储到交叉口处的道路或路侧设备中。当车辆行驶到交叉口的时候,由车载的信息采集系统接收到道路或路侧预警信息以及当前的道路实况信息,从而实现交叉口的交通安全风险预警。

(3)技术现状与趋势

城市道路交叉口交通安全风险预测是安全风险预警的前提。基于车路协同的交叉口安全风险预警技术,为精准化实现城市交叉口交通安全风险预测预警提供了技术支撑。系统对自身信息和邻近车辆信息进行风险评估,预测是否存在追尾预警危险。

8.8.4 基于车路协同的城市交通拥堵状态风险评估与预警技术[60]

(1)技术背景

经济和社会快速发展,促使城市交通系统的交通拥堵问题日趋严重[63,66],也带来了交通事故、环境污染以及能耗等诸多社会问题。基于车路协同的城市交通拥堵状态风险评估与预警技术,对城市交通拥堵状态进行预测,通过对交通状态进行调控实现交通拥堵预警,从而保障城市道路交通的畅通,提升城市交通出行在市民心中的满意度。

(2)技术内容

车路协同由交通传感器采集交通参数数据,通过通信网络传输给云服务中心。云服务中心首先对数据信息进行预处理,把处理后的交通参数提供给预测模型。给出通过预测模型的处理,把预测的交通参数信息,提供给交通状态判别模型,由此最后把模型计算结果与状态划分标准进行匹配,以确定未来时段(一般是5min)交通路网的交通姿态态势状况。

通过交通状态的判别,能够从全局角度实时地反映路网的服务水平;对交通状态的实时准确预警,能够为交通管理者和出行者提前提供路网运行信息,防交通拥挤于未然,提高现有道路的利用率,均衡城市路网的交通流量分布,使城市交通出行由随机交通向规则交通转变。同时,对交通状态的实时准确预警有助于交通管理者制定及时有效的交通控制与诱导方案。

（3）技术现状与趋势

基于车路协同的城市交通拥堵状态风险评估及预警仅在探索阶段，其实用性还有待进一步验证和示范应用。

8.8.5 基于车路一体化的车辆碰撞风险评估与预警技术 [61, 62]

（1）技术背景

我国高速公路交通事故频发，其中追尾碰撞事故尤为突出。对车辆追尾碰撞风险进行评估与预警，并研发高性能的车辆主动避撞系统成为提高车辆在高速行驶过程中的主动安全性能、降低追尾碰撞事故发生率的迫切需要 [61, 62]。车路一体化技术不仅能获得车辆自身运动状况，还能够跟道路及周边环境进行信息交流以获得与其行驶有关的整个周围环境信息（包括邻近车辆的运动状态信息和道路设施信息），全面提升车辆对行车环境的感知能力 [62]。

（2）技术内容

车路一体化支持下的车辆主动避撞系统运用传感器技术、通信技术和计算机技术，结合高速行驶车辆的运动状态特征，构建高可靠性的新型车辆主动避撞系统，实现车车、车路之间的无线通信。由车路共同感知交通环境并与周围车辆共享交通信息。前方车辆异常行驶状态的快速检测、安全风险评估是车辆主动避撞系统的两大关键技术。获取前方异常行驶车辆实时运动状态信息，获得车辆碰撞风险因子，对其进行评估，并将评估结果输入预警系统，告知车辆主动避撞系统采取避撞措施。

（3）技术现状与趋势

当前的车辆主动避撞技术主要通过无线短程通信收发危险警告信息。美国交通运输部的车辆安全计划用无线通信网络覆盖交通路网，为路网中具有无线接入功能的车辆提供追尾碰撞预警、闯红灯预警和辅助变更车道等安全信息服务；欧盟信息技术委员会资助的 SAFESPOT 项目，采用 P2P 无线通信策略扩展驾驶员视野，提高驾驶员对周围环境和潜在危险的感知能力；2010 年 6 月，奥迪开发 Travolution 系统实现车车、车路（信号灯）

通信，并在15辆试验车及21套交通信号灯间进行了测试。结果表明，车辆之间可实现追尾预警，而信号灯可通过无线方式告诉驾驶员红灯剩余时间或黄灯提醒；日本的 Smartway 智能公路计划在车辆上安装了 VICS 信息通信单元，通过红外或者无线电波接收交通信息服务中心发布的道路交通事故信息以及周围行驶车辆的行驶状态信息。我国的国防科技大学、清华大学、同济大学等高校和科研机构在20世纪90年代中期就已经开始了车路协同的基础理论和技术方案的探索，并取得了一定的成果；天津理工大学智能化高速公路防撞系统以数字化标尺作为信息中继器，采用 GPRS 通信方式传输危险警告信息。

本章参考文献

[1] 王春燕，吴超仲，丁振松，等. 基于磁道钉导航的智能公路车道保持硬件控制系统研究[J]. 公路交通科技，2003（01）：129-131，135.

[2] 曹辉，吴超仲，白智慧. 磁道钉导航的横向偏差等值线及其应用研究[J]. 武汉理工大学学报(交通科学与工程版)，2008（03），427-430.

[3] 曹辉，童厚健. 基于磁道钉导航的自动驾驶仿真系统的路径跟踪研究[A]. 国务院学位委员会、教育部学位管理与研究生教育司. 可持续发展的中国交通——2005全国博士生学术论坛（交通运输工程学科）论文集（上册）[C]. 国务院学位委员会、教育部学位管理与研究生教育司，2005：5.

[4] Akira Asaoka, Satoshi Ueda.An experimentalstudy of amagnetic sensor in an automatedhighway system[R]. Intelligent Vehicles Symposium, 1996, Proceedings of the IEEE, 1996.

[5] 卢明明. 基于超高频 RFID 的交通信息感知与分析技术研究与实现[D]. 西安：长安大学，2014.

[6] 赵泰洋，郭成安，金明录. 一种基于 RFID 原理的交通信息获取系统与车辆定位方法[J]. 电子与信息学报，2010，11：2612-2617.

[7] Hamey L G C, Priest C.Automatic Number Plate Recognition for Australian Conditions[J]. Digital Image Computing Techniques and Applications, 2005.

[8] Lee, Jong-Wook, Lee, Bomson.A long-range UHF-band passive RFID Tag IC based on high-Q design approach[J]. IEEE Transactions on Industrial Electronics, 2009.

[9] 刘海华，李伟，胡万根. 基于 RFID 的交通信息获取与动态导航服务系统研究[J]. 中国水运(下半月)，2012（07）：62-63，67.

[10] 甘琴瑜，周建平，梁楚华，等. RFID 在道路交通信息实时采集系统中的应用[J]. 公路交通技术，2012（03）：125-129.

[11] Hyeong-Seok Jang, Won-Gyu Lim, Jong-Won Yu.Transmit/receive isolator for UHF RFID reader with wideband balanced directional coupler[J]. Microwave Conference, 2009.

[12] 你在南方的艳阳里大雪纷飞，我在智能路面狂奔[EB/OL]. http://www.toutiao.com/a6243956861281124609/.

[13] 魏琳娜. 城市道路交叉口安全预警研究[D]. 北京：北京交通大学，2012.

[14] 肖松林. 道路交通设施主动安全的若干问题研究 [D]. 上海：同济大学，2014.
[15] ICAO. Safety Report(2014)[EB/OL]．http: //www.icao.int/safety/documents/icao_2014%20 safety%20report_final_02042014_web.pdf
[16] Van Es GWH. Running out of runway: analysis of 35 years of landing overrun accidents[R]. National Lucht-en Rulmtevaartlaboratorlum, NLR-TP-2005-498(2005)．
[17] Flight Safety Foundation. FSF ALAR Briefing Note 8.3-Landing Distances[J]. Flight Safety Digest, 2000, 11: 167-172.
[18] David Thomas. Can You Stop?(2011). http: //flightsafety.org/aerosafety-world-magazine/november-2011/can-you-stop.
[19] Gerthoffert J, Cerezo V, Bouteldja M, Do MT. Modeling aircraft braking performance on wet and snow/ice-contaminated runways[J]. Journal of Engineering Tribology, 2015, 229: 1994-1996.
[20] 霍志勤. 基于历史数据的中国民航跑道安全管理关键问题研究 [D]. 南京：南京航空航天大学，2012.
[21] Veith AG. Tires-roads-rainfall-vehicles: the traction connection, Frictional Interaction of Tire and Pavement: A Symposium. ASTM International, 1983, 793: 3-40.
[22] Rogers MP，Gargett T. 公路交通译文集：国家道路网抗滑标准 [S]. 北京：地质出版社，熊焕荣，江玉高，译，1992.
[23] ICAO. Runway Surface Condition Assessment[J]. Measurement and Reporting, 2008.
[24] 张捷. 浅谈机场跑道道面表面防滑问题 [J]. 机场建设，2002，2：13-14.
[25] Crozier BT, de Boer MP, Redmond JM, Bahr DF, Michalske TA. Friction measurement in MEMS using a new test structure[J]. MRS Proceedings, 2003, 605: 129-134.
[26] 赵秀江. 基于视频图像处理技术的行车轨迹线采集及其分析研究 [D]. 长沙：湖南大学，2012.
[27] Smith S A. Freeway data collection for studying vehicle interactions technical report[J]. Data Collection, 1985.
[28] Wei H, Feng C, Meyer E, et al. Video-Capture-Based Approach to Extract Multiple Vehicular Trajectory Data for Traffic Modeling[J]. Journal of Transportation Engineering, 2005, 131(7)：496-505.
[29] Ervin R D. Quantitative characterization of the Vehicle Motion Environment(VME) / Appendices(A, C, D, E) [J]. Journal of Power Sources, 2014, 258(21)：61-75.
[30] Ervin R D. System for Assessment of the Vehicle Motion Environment(SAVME)：volume I[J]. Accession Number, 2000: 325-337.
[31] Punzo V, Formisano D J, Torrieri V. Nonstationary Kalman filter for estimation of accurate and consistent car-following data[J]. Transportation Research Record Journal of the Transportation Research Board, 2005, 1934: 3-12.
[32] Jason Hill. A Software Architecture Supporting Networked Sensors[D].UC Berkeley Masters Thesis. Berkeley.December, 2000.
[33] Hojjat Adeli, Asim Karim. Fuzzy-wavelet RBFNN model for freeway incident detection[J]. Journal of Transportation Engineering, 2000, 126(5)：464- 471.
[34] 姜泽浩. 基于地磁感应检测器的智能停车管理系统研究 [J]. 信息技术，2011，4：130-132.
[35] 周根国. 数据挖掘在城市智能交通系统中的应用研究 [D]. 南京：东南大学，2011.
[36] Aso M, Saikawa T, Hattori T. Mobile station location estimation using the maximum likelihood method in sector cell systems[J]. Vehicular Technology Conference, 2002.
[37] Dittrich M G, Janssens M A. Measurement procedures for determining railway noise emission as input to calculation schemes. TNO, TPD, The Netherlands, Sep.2000

[38] Oppenheim, Alan V., George C. Verghese. Signals, systems and inference. Pearson, 2015.
[39] 张丙强，李亮. 人-车-路耦合系统振动分析及舒适度评价[J]. 振动与冲击，2011，30（1）：1-5.
[40] Elbanhawi M, Simic M, Jazar R. In the passenger seat: investigating ride comfort measures in autonomous cars[J]. IEEE Intelligent Transportation Systems Magazine, 2015, 7(3) : 4-17.
[41] Pan D, Zheng Y, P. Control Strategy of Vehicle Speed Change Operation Based on Hyperbolic Function[J]. Electric Drive for Locomotives, 2008, 3: 45-48.
[42] Cai L, Rad A B, Chan W L, et al. A robust fuzzy PD controller for automatic steering control of autonomous vehicles[C]// Fuzzy Systems, 2003. FUZZ'03. The 12th IEEE International Conference on. IEEE, 2003, 1: 549-554.
[43] Huang Q, Wang H. Fundamental study of jerk: evaluation of shift quality and ride comfort[R]. SAE Technical Paper, 2004.
[44] Villagra J, Milanés V, Pérez J, et al. Smooth path and speed planning for an automated public transport vehicle[J]. Robotics and Autonomous Systems, 2012, 60(2) : 252-265.
[45] 潘登，郑应平. 基于双曲函数的车辆变速行为控制策略 [J]. 机车电传动，2008（3）：45-48.
[46] 余守宪，董水金. 变加速动力学与舒适性问题 [J]. 物理与工程，2006，16（6）：35-37.
[47] Berndt H, Emmert J, Dietmayer K. Continuous Driver Intention Recognition with Hidden Markov Models [C]// 11th International IEEE Conference on Intelligent Transportation Systems. 2008: 1189-1194.
[48] Mandalia H M, Pattern Recognition Techniques to Infer Driver Intentions [D]. Philadelphia: Department of Computer Science, Drexel University, 2004.
[49] Sathyanarayana A, Boyraz P, Hansen J H L. Driver Behavior Analysis and Route Recognition by Hidden Markov Models [C]// Proceedings of the 2008 IEEE International Conference on Vehicular Electronics and Safety, 2008: 276-281.
[50] 杨诚. 基于隐马尔可夫理论的驾驶人换道意图识别研究 [D]. 长春：吉林大学，2016.
[51] 王相海，丛志环，方玲玲，等. 基于HMM的车辆行驶状态实时判别方法研究 [J]. 自动化学报，2013，12：2131-2142.
[52] 宋健，王伟玮，李亮，等. 汽车安全技术的研究现状和展望 [J]. 汽车安全与节能学报，2010（02）：98-106.
[53] 吴浩. 车辆安全预警自动控制系统的研究与开发 [D]. 重庆：重庆交通大学，2015.
[54] Yasui Yoshiyuki, Tozu Kenji, Hattori Noriaki, et al. Improvement of vehicle directional stability for transient steering maneuvers using active brake control [R]. SAE paper, No 960485.
[55] Beusen B, Denys T. Long-term effect of eco-driving education on fuel consumption using an on-board logging device [C]. Urban Transp XIV: Urban Transp and Envir in the 21st Century. 2008.
[56] Van Hiep D, Ohno M, Seki Y. Towards sustainable transportation through introduction of eco-drive management system for vehicle fuel efficiency [C]. Proc E Asia Soc for Transp Studies, 2013.
[57] 吕能超，旷权，谭青山，等. 基于车路协同的行人车辆碰撞风险识别与决策方法 [J]. 中国安全科学学报，2015（01）：60-66.
[58] 陈敏，赵志国，王寒东，等. 基于车路协同的重型车辆侧翻预警系统设计 [J]. 黑龙江交通科技，2015（02）：168-169.
[59] 李睿. 基于车路协同的城市交叉口交通安全预警模型的研究 [D]. 兰州：兰州交通大学，2013.
[60] 罗超. 基于车路协同的城市交通姿态预警及调控技术研究 [D]. 重庆：重庆交通大学，2014.
[61] 董红召，陈炜烽，郭明飞，等. 基于车路一体化的车辆主动避撞系统关键技术的研究 [J]. 汽车工程，2010，11：983-988.
[62] 胡曙光. 高速公路车辆协同追尾预警系统研究 [D]. 长沙：湖南大学，2012.

[63] 钱经纬 . 交通路口基于时空网格的车辆碰撞预警方法 [D]. 大连：大连理工大学，2014.
[64] 屈贤 . 基于车路协同的山区道路车辆行驶安全预警系统研究 [D]. 重庆：重庆交通大学，2015.
[65] 王云鹏，易振国，夏海英，等 . 基于流行病模型的车路协同预警信息交互方法 [J]. 北京航空航天大学学报，2011（05）：515-518.
[66] 涂辉招，孙立军，高子翔，利用风险评估技术确定城市快速路多匝道协调控制时机 [J]. 中国公路学报，2015, 28（7）：86-92.
[67] Piao J, McDonald M, Hounsell N. Cooperative vehicle-infrastructure systems for improving driver information services: an analysis of COOPERS test results. IET INTELLIGENT TRANSPORT SYSTEMS, 2012, 6(1) : 9-17.
[68] Shi Y, Yang L, Hao S, et al. Clustered car-following strategy for improving car-following stability under Cooperative Vehicles Infrastructure Systems[J]. IET Intelligent Transport Systems. 2016; 2015, 10(3) : 141-7.
[69] Ma Y, Chowdhury M, Sadek A, et al. Integrated Traffic and Communication Performance Evaluation of an Intelligent Vehicle Infrastructure Integration(VII) System for Online Travel-Time Prediction[J]. IEEE Transactions on Intelligent Transportation Systems, 2012, 13(3) : 1369-82.
[70] Fujimura K, Toshihiro K, Shunsuke K. Vehicle infrastructure integration system using vision sensors to prevent accidents in traffic flow[J]. IET Intelligent Transport Systems, 2011, 5(1) : 11-20.

智能铺面的建造与管理技术

铺面智能能力的达成,将改变传统的路面结构组成和形式,带来全新的结构材料、建造方式和管理手段。面向智能铺面的建造与管理技术:一部分是能同时适应于智能铺面和普通铺面的共性技术,从传统技术升级而来;而另一部分则是面向智能铺面需求研发的专用技术。

智能型铺面结构及设计方法

9.1.1 技术背景

传统上由面层、基层、垫层、路基等结构层构成的铺面结构形式,在适应支撑铺面智能能力上存在很大的局限性,主要表现在:铺面结构与各类器件不协同工作(条件差异、刚度差异、寿命差异等);铺面结构的粗犷式修建方式和器件的高精度布设要求之间的差别;铺面结构的力学性能导向和 P2X 的服务功能导向的理念差异。这使得在智能铺面体系的构建中,需要重新研发新型的铺面结构形式,以

赵鸿铎 博士

同济大学,教授,博士生导师
电子邮箱:hdzhao@tongji.edu.cn
主要从事道路与机场智能铺面技术的研究。

满足智能铺面的基本要求、智能能力和服务功能的发挥。新型的铺面结构体系，需要新的结构设计方法与之相匹配。

9.1.2 技术内容

本部分的技术内容包括智能铺面的结构形式、力学分析理论、结构设计、材料设计、铺面与器件的协同、传输通道的构造、能量收集系统的嵌入形式、P2X设施的嵌入形式、性能评价方法、寿命预估等。

9.1.3 技术现状与趋势

在国内外尚无完善的智能铺面结构形式。同济大学提出的梁基础铺面结构、压电式复合路面，欧洲提出的永久开放道路、Modie Slab，美国提出的热能收集路面等给智能铺面的结构形式提供了一定的参考。传统路面的设计方法已经较成熟。对智能铺面，需要根据铺面所采用的结构形式不同而采用相应的设计理论体系，如弹性层状体系理论、结构力学理论等。智能铺面的结构形式，会朝着结构化趋势发展，更加有利于传感网络、通信网络的布设与集成，可采用工业化、自动化的手段进行生产和现场铺设，具有超高的平整度、超长的使用寿命，并且可轻易恢复。

梁基础铺面、压电式复合路面，分别如图9-1、图9-2所示。荷兰Mobie Slab概念如图9-3所示。

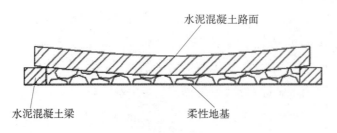

图9-1 梁基础铺面

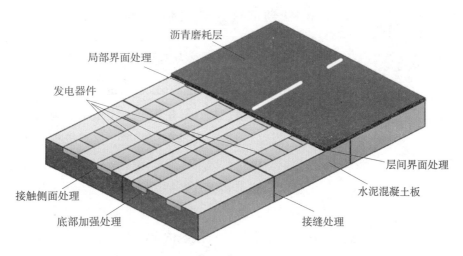

图 9-2 压电式复合路面

图 9-3 荷兰 Modie Slab 概念

9.2 智能铺面建养的 BIM 技术

9.2.1 技术背景

与传统的铺面相比,智能铺面的材料、结构和功能等方面要复杂得多,在组成上包括荷载承载系统、供电系统、通信系统、感知系统、智能功能系统等,并构成一个复杂系统。这就需要能够有一个集设计、建造和养护管理为一体的信息化管理平台,对智能道路设施进行生命周期协同管理,BIM 技术正是解决之道。目前交通运输部对 BIM 技术非常重视,将其列入

杨轸 博士

同济大学,副研究员,博士生导师
电子邮箱:
yangzhen5719@tongji.edu.cn
主要从事道路安全领域的科研工作,包括交通BIM、道路安全设计、运营安全管理与控制、安全评价与改善等。

十三五期间十大重大技术方向和技术政策。

9.2.2 技术现状与趋势

BIM(Building Information Modeling),是指包含建筑全部信息的计算机模型,模型主要包括建筑物的设计、建造时间排布、算量、材料统计、运维等数据。BIM 在房屋建造领域发展相对成熟,涵盖了建筑、施工和运营维护等各阶段,能够显著提高工作效率,降低建设成本[1, 2]。典型的应用案例包括上海中心、北京凤凰传媒中心、上海迪斯尼乐园等工程。当前交通运输行业 BIM 技术的应用还处于起步阶段,在技术标准、核心软件和人才储备等方面都与发达国家存在较大差距,亟待出台相关支持政策,依托重点领域,推动建立适应国际化要求的 BIM 应用技术、标准体系和支撑平台[3, 4]。智能铺面建养 BIM 技术包含以下几个方面:① BIM 基础软件或平台。目前,成熟的 BIM 平台基本被国外大公司所垄断,包括 Autodesk、Dassault 和 Bentley 等。国内尚无较好的基础 BIM 平台软件,相关应用软件都是在其基础上进行的二次开发。②道路 BIM 的技术标准和应用软件。如果仅仅是三维模型,那么道路 BIM 领域应该说起步很早,并在设计上已有体现[5]。但 BIM 在面向道路施工和运维上显然应用很不充分,这就需要赋予构件一些力学的、物化的属性,这就归结为道路 BIM 的技术标准问题,目前这方面研究比较缺乏[6–9]。在设计软件方面,基于 BIM 理念推出系列道路设计软件,国内已有研发单位通过二次开发开展产品研发。③智能铺面建养管理。由于智能铺面总体尚处在预研探索阶段，相关的 BIM 应用更是比较少，但考虑到智能铺面的复杂性，其对施工和养护要求更高，因此 BIM 技术的应用有其必然性和重要性。目前主要应用在大型桥梁、隧道和互通立交的施工管理，并逐渐向运维方向发展。

9.2.3 技术内容

（1）面向智能铺面的 BIM 技术标准

与传统的路面相比，面向智能铺面的道路功能和结构要复杂得多。不仅涉及承重层，还涉及电气、通信、机械等方面的材料和设备。真正的 BIM 不仅提供和管理三维信息，还可以针对构件的属性特点进行功能、性能等方面的分析，进行不同构件模块的管理、故障分析和养护决策。这就需要基于智能道路专业知识，制订面向智能铺面的 BIM 技术标准。

（2）智能道路 BIM 基础平台软件系统

现有的 BIM 软件平台，侧重几何建模，在系统分析方面功能非常有限。为满足智能路面系统的专业化功能分析需要，应搭建面向智能化道路 BIM 平台系统，包括智能路面构件库、BIM 模型数据导入模块、三维 BIM 快速生成与显示模块、构件属性数据管理模块、智能化运行仿真分析模块、二次开发库等，实现对智能道路模型和各构件属性数据的统一管理。

（3）基于 BIM 技术的智能道路设计、施工、运维一体化系统

针对智能道路（特别是智能路面）的特点，运用 BIM 技术，将设计、施工、运行管理、养护决策等全过程无缝整合在一个系统中。系统可采用云架构，模块化搭建。系统具备智能道路信息快速建模、智能道路施工管理、移动终端智能化数据采集、智能化交通运营仿真分析、综合运营评估（包括安全、通行效率、智能化等）、养护科学决策等功能。

9.3 智能铺面的工业化装配技术

9.3.1 技术背景

赵鸿铎 博士

同济大学，教授，博士生导师
电子邮箱：hdzhao@tongji.edu.cn
主要从事道路与机场智能铺面技术的研究。

随着现代智能技术的发展，铺面将摆脱仅供车辆通行的传统定位，而具备自我感知、信息交互、交通控制与管理等智能化的功能，成为信息的载体和媒介。装配式铺面技术使得铺面系统在工厂中完成预制，克服了传统铺面现场浇筑、摊铺所引起的生产粗放、精度低、环境难以控制等缺点，工厂集中预制可以实现标准化施工、精细化管理。装配式铺面技术使得设置在铺面系统内的智能设备得以精准投放，存活率得以大幅度提高，工作环境得以控制。铺面工业化装配技术使得铺面系统能够快速安装、维护便利，从而将施工对交通的干扰降到最小，实现了不停航作业。装配式铺面具备的先天优越性，成为实现铺面智能化的重要渠道。

9.3.2 技术现状与趋势

装配式铺面技术目前是国内外研究的热点，对于智能铺面的工业化装配技术，国内外都在积极探索[19,20]。美国主要采用的装配式水泥混凝土铺面、装配式预应力水泥混凝土铺面，现已处于市场应用阶段，并研发了用于原板破除、钻孔、基层整平机械设施。密歇根州立大学的学者在预制板内埋入传感器，可检测板的水平运动和竖直运动[10-13]。日本采用预制钢筋水泥混凝铺面和预制高强钢筋水泥混凝土铺面，研发了可拆的Cotter传力构件，预制、置板、注浆等流程基本实现机械化；采用预埋管道的标准板，铺设了可融雪融冰的铺面，成功应用于城市交叉口处路面。荷兰学者研发了可卷曲预制沥青混凝土铺面和梁基水泥混凝土铺面技术[14-16]。国内学者对于装配技术的研究尚在摸索阶段[17, 18]，与实现工业化装配相比还有一定距离。

9.3.3 技术内容

（1）智能铺面的工业化装配技术应实现机械化和自动化

采用成套的机械化设备，从工厂内铺面系统的预制，到对应不同应用场合的装配作业（包含原道面破除、基层处置与整平、预制面层铺装等流程）应有现代工业化解决方案。

（2）智能铺面的工业化装配技术应实现信息化

智能铺面是涉及多个子系统的复杂系统。这些子系统从设计、预制、现场铺装，系统的位置信息、状况信息等应当处于可监控的状况，并且多个子系统以及多个施工流程应协同，可采用BIM等实现对信息的整合。

装配式水泥混凝土铺面结构如图9-4所示。智能铺面的工业化装配技术信息流向如图9-5所示。

（3）智能铺面的工业化装配技术应实现铺面系统的标准化

铺面系统为预制的标准件，不同的铺面板块具有一定的互换性和替代性；这些标准定义了铺面系统的"接口"，满足这些标准的铺面系统够快速接入，即使它们实现的智能功能不同。

（4）智能铺面的工业化装配技术应实现铺面系统的可拆性

该技术应实现铺面系统的可拆性体现在：不仅便于智能设施的维修、养护、更新等作业，并且在铺面系统本身性能不满足要求时，可快速实现铺面的维护和更换，不仅不会对交通服务产生影响，也不会影响智能功能。

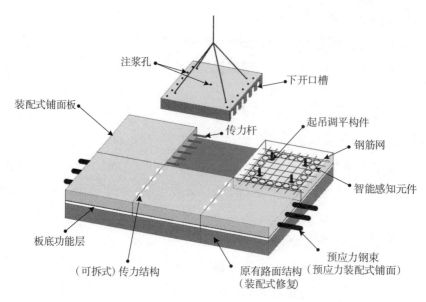

图 9-4 装配式水泥混凝土铺面结构图

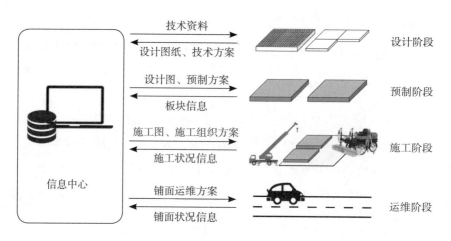

图 9-5 智能铺面的工业化装配技术信息流向图

德国地毯式铺装材料及工艺

由于道路的施工和养护，德国高速公路上每年大约产生1000个长期工地，超过10万个短期工地。这些施工工地造成了大量的拥堵，给交通运输带来了严重影响，也对周边环境产生了诸多负面影响（例如噪声、粉尘等）。更重要的是，施工工地附近是各种交通事故的高发区：由于施工工地附近突然的减速、道路变窄、车道变少等交通控制措施带来了极多的安全隐患。

自21世纪初起，德国对快速施工与高效养护的材料与工艺进行了系统的研究，而地毯式铺装则是其中最重要的成果之一。地毯式铺装是柔性可卷曲的道路面层。工厂预制后，可吊装、运输至施工现场，然后直接在现有的面层上完成铺设。相对于传统施工方式下的路面施工和养护，有下列优势：

（1）道路面层在工厂封闭的空间预制，因此施工质量、条件等更易控制，且不受雨雪风等环境因素的影响。

（2）无需对沥青混合料进行现场的搅拌和摊铺，极大地减少了温室气体的排放，降低了对周边环境的负面影响。

（3）摊铺完成所需时间很短，路面强度形成速度快。相较现场摊铺的方案而言能极大地减少道路施工对交通的干扰。

（4）在德国交通部资助的项目中，德国亚琛工业大学第一次尝试把带有集成功能的传感器植入

王大为 博士

哈尔滨工业大学，教授，博士生导师
电子邮箱：dawei.wang@hit.edu.cn
主要从事功能性路面与绿色路面材料的研究。

地毯式铺装材料中,实现了车速、流量、接地压力、温度、湿度、路面雨雪状况等数据的采集,进而为未来人-车-路的交互、交通流的控制和疏导奠定基础。

现阶段基于地毯式铺装路面公开的研究成果较少,最新的研究均与荷兰和德国的相关研究单位和学者有关。2001年,荷兰交通部所开展的未来道路(Roads to the Future)项目中就首次提出了地毯式铺装并研发了基于多孔沥青的"Rollpave"预制路面结构[19,20],图9-6为荷兰Rollpave地毯式铺装施工现场。总体而言,柔性沥青混凝土需要在满足沥青混合料各项性能的基础上,同时具备良好的弯曲性能。

图9-6 荷兰Rollpave地毯式铺装施工现场

德国亚琛工业大学道路工程研究所是较早开展柔性地毯式铺装结构研究的科研单位,在柔性路面抗滑性能与力学性能增强、柔性路面降噪及新型复合材料柔性路面等方面取得了较多成果。德国亚琛工业大学B. Steinauer教授在2005年指出地毯式铺装不应局限于传统材料,而应该更多地考虑人工合成材料的应用,从而形成材料均匀且更适用于工业预制的柔性功能性结构(图9-7)。此外,Oeser教授进一步提出了将柔性地毯式铺装视为基体存在,通过相应的功能扩展使结构具备能量回收与存储功能。

智能铺面的建造与管理技术

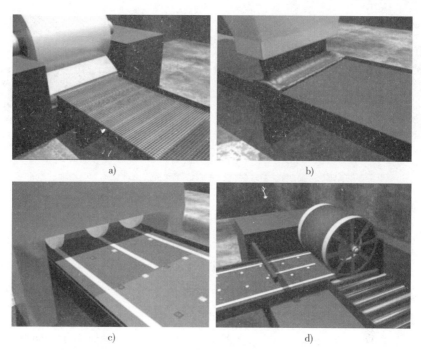

图9-7 德国新型高分子复合地毯式铺装制备示意图

德国亚琛工业大学柔性功能的水泥基材料已经具有较多研究成果[19-21]。由于水泥混凝土材料本身的特性和极低的变形能力，通过掺加各种纤维材料，能够降低混凝土结构的脆性并增强其断裂韧性。高延性水泥基复合材料较好地提高了水泥混凝土的极限弯拉性能，并使得结构具备优良的变形及裂缝自愈合能力。

相对于混凝土或水泥基材料而言，人工合成材料在2010年后成为了地毯式铺装方面研究的热点。德国亚琛工业大学Schacht[20,21]和Renken[22-25]等则对基于聚合物、聚氨酯等的新型地毯式铺装材料进行了系统的研究。Schacht在德国交通部重点项目"人工合成材料的合成、制备以及使用"资助下，开发了使用冷塑料材质制备降噪抗滑型地毯式铺装路面（图9-8），强化了地毯式铺装降噪方面的性能。通过德国联邦交通部公路研究院的大型滚筒噪声测试机以及现场铺设的CPX噪声测量车显示，对于小轿车和大卡车降噪分别可以达到至少6db（A）和3db（A）。

图 9-8 ISAC 研究所制备的冷塑料材质制备降噪抗滑型地毯式铺装路面 [21-26]

2015 年起,德国亚琛工业大学 Renken 研究聚氨酯材料用于制备地毯式铺装路面。聚氨酯强度和延性介于传统的沥青和水泥之间,可以同时兼顾高温性能和低温性能,因此成为地毯式铺装材料的新选择。聚氨酯铺装材料可以在满足各项力学性能要求的基础上,同时具备良好的弯曲性能,而且聚氨酯铺装材料常温拌和及摊铺的方式更加环保,特别是其抗紫外老化性质得到了显著提高,实验室测试 12000h 的紫外线辐射下其性质无明显变化。

德国亚琛工业大学是地毯式功能性路面的概念提出者,在地毯式功能性路面铺装的研究已有 11 年的积累,对地毯式铺装材料的制备和表征、地毯式铺装的功能性以及耐久性、利用数字模拟方法分析道路的的微观结构力学行为进行了大量的研究,掌握了地毯式铺面材料的研发、制备及施工方面的关键技术。获得 1 项德国国家科学基金项目"地毯式铺装基本方法"(Continuously Assembled Rollable Polymer-Embedded Topping for roads,CARPET),3 项德国交通部重点项目。当前研究主要集中在对地毯式铺装预制路面进行模块化生产,并在路面预制件不同层位附加高性能路用传感器、功能材料。进一步为开展具有复合功能性的柔性地毯式路面铺装材料的研发奠定了坚实的基础。

综上所述,地毯式铺装已经成为最具应用前景的道路新材料之一。进一步优化地毯式铺装材料与结构的力学及功能性能,对推动未来智慧路面的研究具有重要的意义。

9.5 智能铺面的 3D 打印技术

9.5.1 技术背景

具有数字化、网络化、个性化、定制化特点的 3D 打印技术，已成为"第三次工业革命"的重要标志之一。据《中国 3D 打印材料行业发展前景预测与投资规划报告》预计，未来 3D 打印行业仍将保持 40% 左右的高速年均复合增长率。3D 打印的实质是增材制造技术，美国材料与试验协会将其定义为：基于 3D 模型数据，采用与减材制造技术相反的逐层叠加的方式生产物品的过程，通过计算机控制将材料逐层叠加，最终将计算机上的三维模型变为立体实物。

赵鸿铎 博士

同济大学，教授，博士生导师
电子邮箱：hdzhao@tongji.edu.cn
主要从事道路与机场智能铺面技术的研究。

随着 3D 工业打印机的出现以及打印技术的成熟，该技术从模具与模型制作、航空航天、国防军工领域、食品制造等传统的适用性强的领域，逐渐向土木和建筑等工程领域发展。如从 1997 年 Joseph 首先尝试使用水泥基材料进行 3D 打印建筑构件开始，目前在建筑土木领域已有 D 型工艺（D-Shape）、轮廓工艺（Contour Crafting）和混凝土打印（Concrete Printing）三种成熟的 3D 打印技术。2015 年 1 月，在苏州工业园区由 3D 工业打印机"打印"了一幢号称"全球最高 3D 打印建筑"的六层住宅楼。同年 3 月，加利福尼亚大学伯克利分校采用干水泥粉的材料打印楼房，产品精密且节省成本。

随着铺面工程材料的发展、施工工艺的进步，以及 3D 打印技术在建筑领域、土木工程方面的成功应用，在未来该技术与智能铺面相结合将成为一种必然的发展趋势。

9.5.2 技术现状与趋势

国际上开展了 3D 打印技术应用于沥青混凝土和水泥混凝土路面的研究，而我国关于此技术的研究尚处于起步阶段。目前先进铺路技术公司（Advanced Paving Technologies）正在研制基于 3D 扫描技术和 3D 打印技术的沥青路面坑槽修复机，先扫描沥青路面，编制精确的三维测量数据，计算机建模程序将生成与坑槽互补的 3D 沥青混凝土层，最后直接将沥青混凝土修复材料"打印"到病害中，进而达到一个高平整度的路面[27-29]。

近年来英国拉夫堡大学建筑工程学院提出的无模具成型 3D 打印水泥混凝土，便于制造繁杂的水泥混凝土构件[30,31]。该技术使用喷嘴挤压出混凝土并通过层叠法建造构件，采用的聚丙烯纤维混凝土满足打印材料对流动性和凝固时间的要求。试验表明，在密度和抗折强度方面，3D 打印混凝土都要高于模具浇筑混凝土，但前者的各向异性更为明显。3D 打印水泥混凝土的各向异性可能会导致其在行车荷载作用下发生层间剪切滑移[32]，实际使用的耐久性问题仍值得考察。

随着工业化进程的加快和材料科学的进步，越来越多、性能越来越好的材料被用于铺面工程中。同时，铺筑路面的施工工艺沿着人工化、机械化、自动化和智能化的方向发展。3D 打印技术在铺面工程的应用趋势，绝不是研制出庞大昂贵的 3D 打印机而简单取代目前水泥和沥青混凝土路面的施工工艺，而是在未来远期，3D 打印技术必定与新的路面材料、先进的施工工艺相结合，为铺面工程的发展注入新的活力[33-36]。

9.5.3 技术内容

（1）满足 3D 打印要求的铺面工程材料的获取

目前传统的道路工程材料无法满足 3D 打印技术的快速成型、单一均匀、细度和强度的要求。对于水泥混凝土，首先普通硅酸盐水泥在强度、凝结时间等方面无法达到 3D 打印的要求，需要改变水泥组成中的矿物组成,如可以考虑采用磷酸盐等快硬早强的水泥。其次,3D打印是通过喷嘴来实现的,目前的喷嘴直径大多数不超过1cm,故混凝土拌合物的集料最大粒径会变得更小以及其形貌更接近圆形,可考虑采用小集料的聚合物水泥砂浆。最后,外加剂是打印混凝土必不可少的组分之一,因为3D打印混凝土必须具备更好的流变性且能在空气中迅速凝结,加入缓凝剂可以控制凝结时间。另外,用于路面的材料需要具有耐磨性和耐久性,这些性能的提高也需要通过外加剂来实现。对于沥青混凝土,普通的沥青和集料拌和温度达150℃,高温对3D打印设备不利,因此材料选择可考虑在常温下施工的乳化沥青;一般的沥青混合料不能满足快速成型的要求,可添加一些固化剂等,如环氧沥青;在集料的选取上可以借鉴AC-5沥青砂的级配,以满足细度要求。

(2)城市降噪排水路面的设计

随着城市化进程的加快,城市交通的噪声以及城市"逢雨必涝"的问题越来越受到人们的关注,城市对降噪排水路面的需求也越来越高。目前的降噪排水路面主要针对的是沥青混凝土路面,常用的是开级配沥青混合料(OGFC),但对降噪排水的效率有一定的限制,并不能满足人们对排水降噪效果日益增长的需求。基于高强度、耐磨耗的原材料,可利用3D打印技术在城市路面结构面层上增加蜂窝状降噪排水功能层(图9-9)。这种蜂窝状的功能层结构具有承受行车荷载,加快雨水排出地面,适当保水,利于吸尘减霾和有效降低噪声的功能,而目前传统工艺无法完成这种复杂的结构,可借助3D打印技术来实现。

(3)预制吊装施工的基层顶面平整度控制

预制吊装技术是解决水泥混凝土路面快速维修的方法之一,对于停航时间短的机场道面尤为重要。对基层顶面的平整度控制是预制吊装技术实现的重要环节。结合3D扫描技术,研制出喷射热沥青的3D打印机,充分利用3D打印技术精度高的特点,可快速提高水泥混凝土板底的平整度。如图9-10所示,核心步骤为:①3D扫描仪对凹凸不平的基层顶面精确扫描;②基于3D扫描数据,3D打印机快速、精确喷射热沥青,保证板底的平整度；③再次利用3D扫描仪，对基层顶面的平整度进行检验。若合格，则可装配预制的水泥混凝土板。整个过程简单，这种技术的应用可以进一步提高装配式水泥混凝土路面的应用水平。

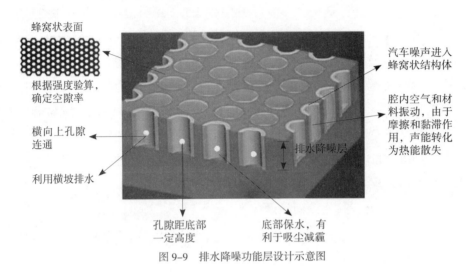

图9-9 排水降噪功能层设计示意图

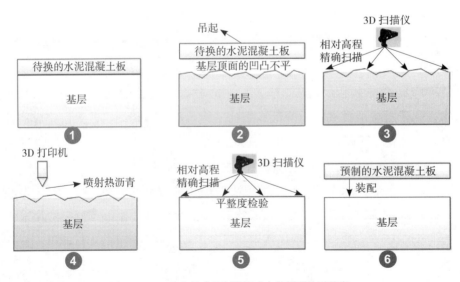

图9-10 3D打印技术控制装配式水泥板底的平整度

9.6 智能铺面的全寿命管理技术

9.6.1 技术背景

随着交通行业的发展及对经济、环境成本的日益重视，全寿命周期分析与管理（包括 Life Cycle Cost Analysis，LCCA 和 Environmental Life Cycle Assessment，LCA）越来越多地被应用于技术与政策的分析和决策支持中。这一技术可针对交通设施的规划、勘察、设计、建设、使用、维护、改造、重建、拆除等全寿命中的所有阶段提供全面的经济和环境分析，为决策提供更为科学的依据。

9.6.2 技术现状与趋势

《AASHTO 路面设计指南》的 1986 年和 1993 年版本中都提倡采用全社会寿命周期成本理论，并对其应该包括哪些成本作了阐述。1995 年的美国国家道路系统（NHS）标志法案第 303 条对全社会寿命周期成本分析进行了定义，并要求州际道路部门在项目投资过程中采用全寿命成本分析方法。美国的许多州都提出相应的 LCCA 方法和工具，例如，加州的 RealCost 工具等[37]。加拿大、澳大利亚和埃及等国家已对全社会寿命周期成本理论有了一定的研究和实践，全社会寿命周期成本理论在国外已经被广泛应用于实际工程。国内的黄如宝、郭忠印、李立寒等人也在这方面做了许多工作，全社会寿命周期成本理论已日趋成熟，但其应用还存在一定的困难，如模型的时效性、数据的本地适用性等。

李 辉 博士

同济大学，教授，博士生导师
电子邮箱：hli@tongji.edu.cn
主要从事可持续道路工程领域的科研与教学工作，包括海绵城市透水铺装、凉爽路面等功能性铺装、城市低影响开发、可持续交通基础设施技术与评价等。

对于全寿命周期评价，欧美开展了深入的研究，根据国际标准化组织（ISO）提出的概念与框架[38]，提出了很多计算模型与方法[39, 40]，也开发出许多相关的评价工具。例如，AASHTO 发布的工具 GreenDOT，加州大学研发的 LCA 工具 PaLate、ePLCA 等。但在道路方面还没有被广泛接受的 LCA 工具、LCA 的方法也存在着一些争议，研究者尚未对一个通用的路面 LCA 框架达成共识。国内已对 LCA 的方法做了一些讨论，但大多是对国外研究的介绍与综述[42]，或是根据已有的 LCA 方法进行的单一案例分析[43]；四川大学的王洪涛教授开发了适用于国内建筑行业 LCA 的工具 eBanlace，为国内的 LCA 应用打开了大门。整体而言，LCA 方法处于理论完善和实践应用并举的阶段。

UC Berkeley（加州大学伯克利分校）开发的能耗计算软件界面如图 9-11 所示。法国 Colas 道路集团开发的能耗排放计算软件界面如图 9-12 所示。

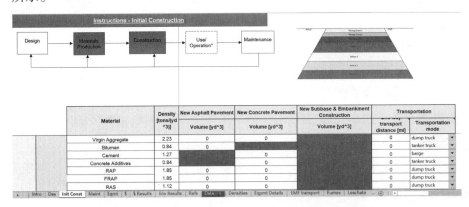

图 9-11　加州大学伯克利分校开发的能耗排放计算软件界面图

9.6.3　技术内容

LCCA 是在项目的寿命周期内，通过评估初始成本、折现未来成本（如养护、用户、重建、修复成本以及回收成本），来评价一个可用项目段的总经济价值的过程。通过将全寿命过程中的全部经济支出统一到同一个时间进行比较，实现多方案的比较和选择。LCA 则是用于评估产品或系统在整个生命周期中对环境影响的评价分析方法。这一技术对产品或系统在整个生命周期中的温室气体排放量、能量消耗量、有毒气体排放量等指标做出定量的计算和评价，可用于多方案的环境影响比较。

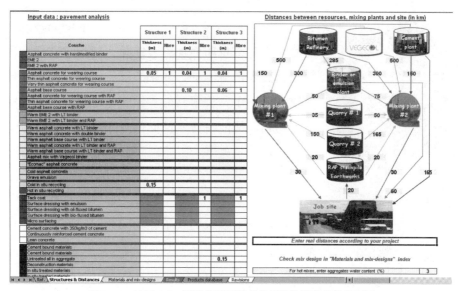

图 9-12　法国 Colas 道路集团开发的能耗排放计算软件界面图

具体到道路行业中，LCCA 是指对道路全寿命周期中的经济成本和环境影响作出全方位的评估，结合道路全寿命周期管理，以用于多方案的比选和决策。

9.6.4　国内外主要研究单位和人员

国内主要研究单位和人员：四川大学王洪涛、同济大学李辉、江苏省交通科学研究院等。

国外主要研究单位和人员：加州大学戴维斯分校、美国加州公路局、美国劳伦斯国家实验室、欧洲沥青协会等。

9.7 基于养护的智能铺面技术

9.7.1 技术背景

由于大量常规道路已经存在，智能铺面技术的前途在于将存量路面加以智能化，而存量路面每隔数年就需要进行养护，如果能够将智能、耐久的铺面技术应用于常规道路的养护中，既能解决路面的养护问题，又能将智能铺面技术快速推广到存量道路上，意义非常重大[44-46]。

黄卫东 博士

同济大学，研究员，博士生导师
电子邮箱：hwd@tongji.edu.cn
加州大学伯克利分校高级访问学者，长期从事道路工程方面研究，主要研究方向为沥青路面与沥青混合料。

9.7.2 技术现状与趋势

满足以上要求的基于养护的智能铺面应满足以下要求：

（1）功能出众。智能铺面要具有高度集成功能，应能将智能铺面具备的能力（主动感知、自动处理、自主适应、动态交互、持续供能）基本实现，具体性能上体现为状态自主调控、损伤自主修复、性能自主保持（排水、融雪、融冰、自清洁等）[47, 48]。

（2）经济可行。大规模推广应用，其成本应在可接受的范围内。

（3）长寿命。国内目前的沥青混合料寿命一般不超过10年，智能铺面由于集成了多种功能，其价格也较高，如果要满足全寿命的成本核算，就需要其使用寿命大幅度延长，至少要达到30年以上的使用寿命[49, 50]。

这种基于养护的智能铺面采用水泥混凝土是达不到功能出众的要求的，必须是沥青混合料材料。

要满足以上三项要求,其沥青路面需要具备以下特点:

(1)薄层。只有薄层才能满足经济可行的要求。

(2)全新的混合料设计体系。原有的沥青混合料设计体系无法达到长寿命、功能出众的要求,因此需要发展新的混合料设计体系,采用新的沥青胶结料、新的级配及新的技术要求。

(3)工厂预制化生产。常规的现拌现铺体系制备的沥青混合料路面无法将多种功能集成到沥青路面中,只有将沥青混合料在工厂预制加工,通过复杂的加工设备与加工工艺才能将各种功能集成到薄层沥青混合料中。

9.7.3 技术内容

基于养护的智能沥青路面的核心是沥青混凝土,需要解决的技术难点有:

(1)特种沥青的设计与选择。目前的改性沥青技术已经发展到新的阶段,在成本适当增加的条件下,高性能改性沥青具有高分子化、可设计、可选择的特点,如何设计与选择合适的特种沥青,需要做大量的工作。

(2)新的配合比体系。对于新型特种改性沥青,需要重新建构原有的配合比设计体系,以最大限度地发挥特种沥青的性能,达到各种功能高度集成的要求。

(3)新的沥青混合料技术要求和测试方法。由于新的沥青混合料性能的质的改变,原有混合料测试方法将不能有效评价新的沥青混合料的性能,需要建立新的沥青混合料测试方法,相应要建立新的沥青混合料技术要求。

(4)沥青混合料的工厂预制成型工艺。由于沥青混合料需要在工厂预制生产,与现有的现场摊铺、碾压工艺完全不同,因此需要开发新的适应于工厂预制生产的加工工艺。

(5)智能铺面功能的集成。在解决了沥青混合料工厂预制成型工艺后,还面临在预制混合料中集成什么功能、如何集成,各种功能如何协同工作的问题。

（6）预制沥青混合料的运输与铺筑。工厂预制生产的沥青混合料一般较宽、较长，如何运输，如何在现场将其顺利铺筑，也是需要解决的问题。

根据以上论述，结合目前已经取得的研究进展，这种基于养护的智能沥青混凝土也应同时具备以下功能或特点：

（1）工厂预制。

（2）形状记忆功能。沥青混合料可以卷曲，但在展开后可以自动恢复其平整的形状，以利于包装和运输。

（3）自我修复。智能铺面只有具有自我修复的功能，才能满足长达30年的使用寿命。

（4）优异的防反射裂缝能力。路面养护最大的难题在于如何防治现有的横向裂缝与纵向裂缝反射到路面，对于薄层罩面，这一问题将更加严峻。

（5）降噪声，防水雾，抗滑，排水不堵孔。可以通过大空隙的级配形式实现智能铺面的这几项功能。

（6）除冰雪。可以将除冰剂、电磁加热、电阻加热等现有除冰雪技术在工厂集成在沥青混合料上。

（7）吸收尾气。可以将吸收尾气技术集成到沥青混合料上。

（8）实现主动感知、自动处理、动态交互功能。通过在工厂将各种电子器件埋设在沥青混合料中，可以实现感知、自处理、动态交互等功能。

（9）节约石料和沥青。由于工厂集约化生产，并采用薄层铺面，可以使用更少的石料与沥青。

本章参考文献

[1] 吴健，刘向阳，郭腾峰，等. 道路BIM技术在设计领域的研发现状分析与发展策略初探[J]. 公路，2016.
[2] 魏亮华. 基于BIM技术的全寿命周期风险管理实践研究[D]. 南昌：南昌大学，2013.
[3] BIM facilitates Road & Highway Design for Civil Engineers[EB/OL]. https: //www.prlog.

org/10427697-bim-facilitates-road-highway-design-for-civil-engineers.html

[4] 吴吉明. 建筑信息模型系统（BIM）的本土化策略研究 [J]. 土木建筑工程信息技术，2011（03）：45-52.

[5] 卜一秋. 从CAD到BIM：前途是光明的 道路是曲折的 [J]. 建筑创作，2011（06）154-158.

[6] BIM for road and highway design [EB/OL]. http: //www.ee.co.za/wp-content/uploads/legacy/PositionIT%202009/PositionIT%202010/BIM%20for%20road.pdf

[7] 王丽园，陈楚江，余飞. 基于BIM的公路勘察设计与实践 [J]. 中外公路，2016（03）：342-346.

[8] 王英，刘凤兰，刘智敏，等. BIM技术在塞拉利昂公路工程中的应用研究 [J]. 中国标准化，2016(9).

[9] 刘向阳，吴健，刘国图，等. 基于BIM的公路全寿命周期管理平台构建与应用 [J]. 公路，2016（08）：131-137.

[10] Priddy L P, Bly P G, Jackson C J, et al. Full-scale field testing of precast Portland cement concrete panel airfield pavement repairs[J]. International Journal of Pavement Engineering, 2014, 15(9) : 840-853.

[11] Priddy L P, Doyle J D, Flintsch G W, et al. Three-dimensional modelling of precast concrete pavement repair joints[J]. Magazine of Concrete Reseach 2015(01).

[12] Tayabji S, Ye D, Buch N. Precast concrete pavement technology[J]. Transportation Research Board, 2013.

[13] Tayabji S, DAN Y E, Buch N. Precast concrete pavements: Technology overview and technical considerations[J]. PCI journal, 2013, 58(1) : 112-128.

[14] 小梁川雅，福田萬大，西澤辰男. A Study on the Overlay Method by Thin Precast Reinforced Concrete Slab[J]. 舗装工学論文集，1996（1）：81-86.

[15] 八谷好高，松崎和博，伊藤彰彦，等. Application of High Strength Rc Precast Slab Pavements in Airports[J]. 舗装工学論文集，2003（8）：183-193.

[16] 赤嶺文繁，八谷好高. Load Transfer Mechanism of Compression Joint at Precast PC Slab Pavements[J]. 土木学会論文集，2000（662）：217-222.

[17] 范小响，罗蓊，傅智，等. 水泥混凝土路面预制拼装快速修复技术研究 [J]. 公路交通科技（应用技术版），2006（01）：33-38.

[18] 吴德芬，罗蓊，彭鹏. 预制拼装技术在水泥混凝土路面快速养护中的应用研究 [J]. 公路交通科技（应用技术版），2011（02）.

[19] D. Wang, A. Schacht, X. Chen, M. Oeser, B. Steinauer: Machbarkeitsstudie für die innovative Bauweise "Vorgefertigte und aufrollbare Straße", Bautechnik 90 (2013), Heft 10, 614-621.

[20] D. Wang, A. Schacht, X. Chen, P. Liu, M. Oeser, B. Steinauer: Innovative Treatment to Winter Distresses using a prefabricated, rollable pavement based on a textile-reinforced concrete, Journal of Performance of Constructed Facilities, 2014.

[21] A. Schacht, M. Oeser: Entwicklung akustisch optimierter Straßendeckschichtsysteme auf Kunststoffbasis, Bautechnik 93 (2016), Heft 7

[22] A. Schacht, M. Oeser: Polymer-based road surface layer for usability improvement, 3rd China-Europe Workshop on Functional Pavements, Aachen, Germany, 2014

[23] L. Renken, M. Oeser: Entwicklung von Deckschichtmaterialien für versickerungsfähige Verkehrsflächenbefestigungen auf Basis alternativer Bindemittel - Teil I: Festigkeit, Permeabilität, Kornverlust, Straße und Autobahn, 9, 601-608, 2015

[24] L. Renken, M. Oeser: Entwicklung von Deckschichtmaterialien für versickerungsfähige Verkehrsflächenbefestigungen auf Basis alternativer Bindemittel - Teil II: Ansprache der

Performance, Straße und Autobahn, 11, 776-784, 2015

[25] L. Renken, M. Oeser: Innovative Material Concepts: Application Potentials and Characterization of Synthetic Road Pavements, 3rd China-Europe Workshop on Functional Pavement, 2014, Aachen, Germany

[26] Z. Ge, D. Wang, R. Sun, M. Oeser: Einsatz von Kohlenstoffnanoröhren im Straßenbeton zur Selbstüberwachung, Bautechnik 3/2015, Volume 92, Issue 3, pages 189–195.

[27] 王子明，刘玮. 3D打印技术及其在建筑领域的应用[J]. 混凝土世界，2015（01）：50-57.

[28] Tess. Advanced Paving Tech' 3D Asphalt Paver to launch on Kickstarter on October 15. http://www.3ders.org/.

[29] 张大旺，王栋民. 3D打印混凝土材料及混凝土建筑技术进展[J]. 硅酸盐通报，2015（06）：1583-1588.

[30] Tao Yumeng, Zhang Yunfeng, Chen Yiyi, et al. Prospective applications if 3D printing technology in civil engineering [J]. Steel Structure, 2014, 08: 1-8.

[31] Enrico Dini."D_Shape.", [EB/OL]. http: //www.d-shape.com.

[32] B. Khoshnevis, D. Hwang, K. Yao, et al. Mega-scale fabrication by contour crafting[J]. International journal of Industrial and System Engineering, 2006, 1(3): 301-320.

[33] S Lim, T Le, J Webster, et al. Fabricating construction components using layer manufacturing technology, (GICC'09)[R]. Paper presented at the Global Innovation in Construction Conference, Loughborough University, Leicestershire, UK, 2009.

[34] Le T T, Austin S A, Lim S, et al. Hardened properties of high-performance printing concrete[J]. Cement and Concrete Research, 2012, 42(3) : 558-566.

[35] 陶雨濛，张云峰，陈以一，等. 3D打印技术在土木工程中的应用展望[J]. 钢结构，2014（08）：1-8.

[36] 范诗建，杜骁，陈兵. 磷酸盐水泥在3D打印技术中的应用研究[J]. 新型建筑材料，2015（01）：1-4.

[37] Life-Cycle Cost Analysis Procedures Manual[R]. 2007. Sacramento, CA: California Department of Transportation.

[38] Environmental Management–Life-cycle Assessment–Requirement and Guidelines[R]. 2006, ISO 14044.

[39] T.Wang. UCPRC Life Cycle Assessment Methodology and Initial Case Studies for Energy Consumption and GHG Emissions for Pavement Preservation Treatments with Different Rolling Resistance[R]. 2012, University of California Davis.

[40] Hui Li. Evaluation of Cool Pavement Strategies for Heat Island Mitigation[R].2012, Ph.D. Dissertation, University of California, Davis.

[41] 潘美萍. 基于LCA的高速公路能耗与碳排放计算方法研究及应用[D]. 广州：华南理工大学，2011.

[42] 典型沥青路面施工期能耗及碳排放定额测算研究研究报告[R]，2013，江苏省交通科学研究院股份有限公司.

[43] 董元帅，刘清泉，曹东伟，等. Rollpave专用改性沥青的研发和应用[J]. 公路交通科技，2015, 32（6）：12-17.

[44] 董元帅，曹东伟，刘清泉，等. Rollpave专用改性沥青制备及路用性能研究[J]. 建筑材料学报，2015, 18（5）：802-807.

[45] 董元帅. 可卷曲预制沥青路面材料特性与施工工艺研究[D]. 南京：东南大学，2015.

[46] Houben L, Van Der Kooij J, Nauś R, et al. APT Testing of Modular Pavement Structure 'Rollpave'and Comparison with conventional asphalt motorway structures[J]. Accelerated

Pavement Testing. 2004, 1-24.

[47] Van Dommelen A E, Van Der Kooij J, Houben L J M, et al. LinTrack APT research supports accelerated implementation of innovative pavement concepts in the Netherlands[J]. data. abacushr.

[48] Ingram L S, Herbold K D, Baker T E, et al. Superior Materials, Advanced Test Methods, and Specifications in Europe[J]. Highway Maintenance, 2004.

[49] Abdurahmanović S. New types of asphalt mixtures[J]. Hrvatska znanstvena bibliografija i MZOS-Svibor, 2007.

[50] 石建霞. 水泥路面加铺沥青罩面反射裂缝防治分析 [J]. 山西建筑，2012，38（19）：159-161.

10

智能铺面的生态与环境

朱兴一 博士

同济大学,教授,博士生导师
电子邮箱:zhuxingyi66@tongji.edu.cn
主要从事智能铺面材料与结构,道路抗滑失效风险评估,道路材料多尺度性能研究。

在智能铺面实现智能能力的同时,需紧密结合可持续发展的要求,提供足够的生态与环境保护功能。

10.1 智能铺面的主动减振降噪技术

10.1.1 技术背景

交通引起的振动、噪声问题日益严重,极大干扰了沿线居民的日常生活。据统计,我国80%左右的公路两侧环境噪声昼间超过70dB,轨道交通两侧超过100dB,数值远远超出了城区噪声重度污染警戒线,受影响的居民超过6000万人,每年由于道路交通噪声污染的影响而造成的经济损失高达216亿元。因此,控制和降低道路交通噪声的污染已到了刻不容缓的地步。

10.1.2 技术现状与趋势

路面材料及路面结构对轮胎/路面噪声有很大影响,因此,目前主要通过选择合适的路面材料及结构形式来实现减振降噪的目的。如从沥青混合料类型来看，一般认为减振降噪性能的优劣呈现以下趋势：OGFC路面>SMA路面>普通密级配沥青混凝土路面。而在材料性能改善方面，一般采用胶粉改性沥青路面或橡胶颗粒沥青路面。其原理在于，橡胶本身属于超弹材料，掺入橡胶颗粒的沥青具有较大的阻尼系数，可迅速消耗振动能，使得短时间内轮胎路面之间的振动与噪声降到最低。从噪声测试结果表明，橡胶颗粒沥青路面最多降低噪声8~10dB，平均降噪2~3dB。

从目前的技术现状来看，OGFC沥青路面及胶粉改性沥青路面技术均较为成熟，但OGFC的大孔隙易堵塞，且这两种沥青路面抵抗水损坏能力较弱，一定程度上限制了两种沥青路面的减振降噪能力。因此，未来的趋势将是：根据轮胎/路面实际耦合振动的总能量及其在各频段上的分布特征，定制自减振功能层，并结合车路联网技术，根据预先反馈的平整度信息，主动调整车辆的避振方案，实现真正的人–车–路协同的主动减振降噪路面技术。

10.1.3 技术内容

（1）装配式预制自减振功能层

采用新型的自减振降噪材料，如声子晶体（又称声带隙材料），通常是由两种或两种以上介质按照周期性排列复合而成的结构功能材料。当声波/振动波在声子晶体中传播时，由于受到周期性的Bragg散射和单散射体的Mie散射的联合作用而形成声子带隙，使得声波在带隙频率范围内的传播被抑制。根据这一禁带特性，可以实现一个完全无振动的环境。利用上述特殊材料并结合3D打印技术，可开发装配式预制自减振功能层。

（2）人–车–路协同的主动减振降噪系统

对每一路段所经历的气候条件、车辆行驶状态、车辆振动特性等信息进行预先的分析及存储，并结合车路联网技术，提前向即将通过的车辆发布运行态势预测信息，使得车辆及时、主动地调整避振方案，实现人–车–路协同的主动减振降噪技术。

10.2 智能铺面的粉尘抑制技术

10.2.1 技术背景

黄卫东 博士

同济大学,研究员,博士生导师
电子邮箱：hwd@tongji.edu.cn
加州大学伯克利分校高级访问学者,长期从事道路工程方面研究,主要研究方向为沥青路面与沥青混合料。

道路粉尘主要分为两种：一种是由周边环境引起的粉尘,如附近有正在建设的工地或者道路受到周边沙尘的影响；另一种是道路自身由于磨损、铺面的集料磨损以及细集料流失产生的路面粉尘。本节主要讨论铺面自身产生粉尘抑制的技术。道路粉尘通常指的是粒径小于 0.074mm 的颗粒（根据美国工程兵部队定义）,粉尘产生量主要由路面磨损的程度和磨损的原因决定[1]。研究表明,道路粉尘量可由以下参数确定：交通量、车辆荷载、大气风速、铺面级配、路面的粗糙程度、路面所在环境的温度变化和湿度变化。道路粉尘的不利影响表现在以下几个方面：首先道路粉尘不仅会大幅降低驾驶员的行车视距,增加交通事故率,而且会引起驾驶员哮喘、肺病、过敏等症状（尤其是粒径小于 0.01mm 部分,即 PM10%）[2, 3]；其次,道路粉尘来自于铺面的细集料的损失,这将引起路面进一步的松动和破坏；最后,粉尘会增加汽车发动机的机械磨损,并且影响道路周边的河流生态环境和植物生长。统计表明,粉尘抑制技术能够减少 55%~67% 的道路粉尘产生,因此该技术对于交通安全、道路维护和环境保护具有重要意义。

10.2.2 技术现状与主要内容

美国最早开始对道路粉尘抑制进行研究,

1950年加州森林局阿卡迪亚材料实验室（Forest Service Arcadia Materials Laboratory）发明了三种粉尘抑制油（轻质油、中等油、重油），根据道路的级配和损坏情况选择其中之一，其主要成分是多种石油提取物和调和的润滑油，作用原理是喷洒在路面起到覆盖作用，并对松散颗粒具有一定的黏结作用。该技术的缺点在于容易形成路表薄层，在车辆荷载作用下容易形成波浪和坑槽[3, 4]。

20世纪70年代初期由于石油价格上涨，乳化沥青技术开始取代稀释油技术，乳化粉尘抑制油应运而生，其主要特点是经济效益良好。在1970—1980年，美国每年为800km的公路进行粉尘抑制处理，该技术得到了较广泛的使用。从90年代开始，较多企业涌入粉尘抑制技术市场，大量新的技术开始产生并投入使用，其主要分为四大类：氯化盐类、木质素磺酸盐类、渗透式乳化改性聚合物类和黏土添加剂类[3]。

氯化盐类技术主要采用氯化钙和氯化镁，主要适用于集料粒径0.075mm通过率在10%~20%的铺面。其原理是利用盐类在夜间潮湿的环境下充分吸收水分的特点，提高路面全天的含水率，从而提高对于粉尘的吸附能力。该技术的缺点在于，其提高了路面的含水率，使得路面更易出现车辙、坑槽等病害，另外氯化盐的使用对于周围的植物和河流有一定的损害。

木质素磺酸盐类技术适合集料粒径0.075mm通过率在8%~20%的铺面，研究表明，木质素磺酸盐和氯化盐相比，具有较强的粉尘抑制能力，较低的生产成本，产生的坑槽也较少。该技术的缺点在于，在潮湿环境下，使用木质素磺酸盐会降低路面的防滑性能。

渗透式乳化改性聚合物类技术，又可以细分成合成聚合物乳化剂、高油乳化剂和改性沥青乳化剂三类。该类技术具有较多的商业成品，代表性产品有Coherex、DOPE 30、Asphotac、PennzSupress-D、PEP（penetrating emulsion primer）、Semi-Pave和DL-10 pounder emulsion等，其主要成分是丙烯酸聚合物、醋酸聚合物、改性乳化沥青和改性乳化树脂。该技术具有较好的应用前景，但是由于使用总量比较小，使用时间比较短，其粉尘抑制效果以及耐久性还需要进一步观察。

黏土添加剂技术是对集料进行预先处理，采用1.5%~3%集料质量的黏土添加剂与集料进行充分拌和。该技术能够提高集料之间的黏结，较少产生粉尘，且提高混合料的固结能力，同时由于该添加剂能够取代部分集料，因此具有较好的经济效益。

10.2.3 技术发展趋势

粉尘抑制技术首先的发展方向是提高其使用耐久性。现有的粉尘抑制技术都存在耐久性不足的问题，没有一种处理方式能够保证在使用两年之后保持较好的粉尘抑制效果，这主要是因为改性剂和集料表面黏结效果有限，在雨水的冲刷和车辆的行驶带动下，会使得改性剂的残留浓度和粉尘抑制效果逐渐下降，同时耐久性还受到紫外线照射、冻融循环和干湿循环的威胁。在这些技术中，氯化盐类技术和木质素磺酸盐类技术的持久性相对较好，这是因为在潮湿的季节，盐类会渗入基层或土基当中，在干燥的季节，盐类会部分回到铺面表面。另一个发展方向是根据道路情况进行针对性的粉尘抑制设计[4]。根据道路所处地区的自然气候情况、铺面的级配情况、道路的交通量和车辆载重、粉尘抑制处理的目标等，对粉尘抑制处理方案进行配方设计、施工方案设计、后期监控以及养护设计。

10.3 智能铺面的低碳化技术

10.3.1 技术背景

大规模的公路建设在满足经济发展的同时，也造成了一些负面影响。从宏观角度考虑，造成了大量的资源消耗、生态破坏和温室气体排放，从微观角度考虑，造成了优质集料的短缺以及施工和营运过程中的污染。我国很多地区优质石料资源匮乏，为保证路面质量往往不得不远距离运输，甚至是跨省调运，造成巨大的运输压力和能源消耗。所以，材料生产和施工过程中的各个环节都将造成大量的碳排放。降低道路施工过程中的能耗和污染已成为道路领域关注的新热点。

10.3.2 技术现状与趋势

智能铺面的低碳化主要体现在两方面：一是施工过程节能减排，降低铺面产品的隐碳量；二是运营阶段碳吸收，降低交通运输的环境污染（见 10.4 节）。针对高等级沥青铺面技术方面，主要的低碳技术有温拌沥青混合料技术、沥青路面常温再生技术等。

（1）温拌沥青混合料技术

自 2000 年温拌技术问世以来，因其具有节能、环保、减轻沥青老化、延长施工季节、改善工人工作环境等优点而引起了各国道路工作者浓厚的兴趣，迅速成为道路领域的研究和应用热点。目前，国际上已出现多种温拌技术或产品，根据其降温机理的不同，大致可分为 3 大技术体系：①表面活性温拌技术，通过水膜润滑作用增加沥青混合料的拌和工作性[5-7]；②有机降黏温拌技术，通过添加有机降黏剂降低沥青的高温黏度，改善施工和易性[8,9]；③沥青发泡温拌技术，通过添加含水的固体媒介到热沥青中或采用专用设备促使热沥青遇水发泡，从而降低沥青黏度，实现较低温度条件下对集料的裹附[10]。

不同温拌技术的温拌机理不同[9]，实现温拌的过程也有差异，所以最终形成的混合料性能也有区别。实际工程应用中，应根据应用场合和路面的具体层位选择相应的温拌技术。基于温拌技术的特点，其在修建城市道路路面、薄层罩面、低温季节和高寒、高海拔地区施工，隧道沥青路面等方面优势明

刘黎萍 博士

同济大学，教授，博士生导师
电子邮箱：llp@tongji.edu.cn
主要从事路面工程方面的教学和科研工作，研究方向为沥青路面结构与材料、路面再生技术等。

显，今后的发展趋势应是降低成本和提高温拌沥青混合料路用性能。

（2）沥青路面常温再生技术

目前，沥青路面再生技术主要分为厂拌热再生、就地热再生、厂拌冷再生（常温再生）和就地冷再生等。不同的沥青路面再生技术各有优缺点，适用于不同的场合。其中，常温再生技术无须加热，属于绿色、环保、低碳技术，节能减排效益显著。将其应用在沥青路面大中修工程中，可以在最大限度利用原路面结构和材料的前提下，恢复、提高既有路面的使用性能和耐久性。因此，近年来在高速公路大中修工程中应用较多。目前乳化沥青常温再生技术可用于重交通路面的中、下面层和一般交通路面的各层位（包括表面层），对于特重交通适宜的层位是上基层[9]。今后的发展趋势应当是在规范旧料回收、加工和处理工艺的基础上，通过复合改性和生产工艺的进一步优化，使乳化沥青常温再生混合料性能再上一台阶。

10.3.3 技术内容

（1）温拌沥青混合料技术

由于施工温度的降低，可能造成集料不能充分干燥而给水稳定性能带来隐患[13-15]；其工艺过程对最终混合料性能影响很大。因此，严格控制集料含水率，考虑不同交通等级和应用环境及路面层位对混合料性能的要求选取合适的温拌技术，并精心设计工艺过程或添加剂添加方式和剂量，严格控制施工温度是保证温拌沥青混合料性能的关键。对不同温拌技术性能的科学评价也是很重要的技术内容。

（2）沥青路面常温再生技术

已有的常温再生技术多将再生混合料应用于较低层位，不能充分发挥旧料的剩余价值[16]。通过一定的技术手段（如添加早强剂、再生剂、纤维等），改进旧料加工、分档和混合料生产工艺流程[17]，在缩短养生周期的基础上提高再生混合料性能，尽可能提升其应用层位，在节能环保的前提下使其应用价值最大化。另外，充分认识常温再生过程对旧沥青的激活作用，以及乳化沥青、水泥、矿粉等对再生混合料性能的影响是优化再生混合料设计的前提,也是保证再生混合料性能的关键。

10.4 智能铺面的汽车尾气主动降解技术

10.4.1 技术背景

汽车工业的发展给人们的生产生活带来了极大的便利,而随之也带来各种各样的社会问题,其中最严重的当属汽车尾气污染。汽车尾气中的主要污染物成分包括一氧化碳(CO)、氮氧化物(NOx)、碳氢化合物(HC)、硫氧化物(SOx)、铅(Pb)和细微颗粒物等。这些污染物严重影响着人类健康与生态环境。尾气控制的最根本途径是改变汽车的动力,使用清洁无污染的能源替代现有的燃料,但短期内很难达到"零排放"和"零污染"。而近年来在纳米材料领域出现了一种可以主动降解汽车尾气的光触媒二氧化钛材料,将其应用于铺面领域有望铺筑能主动降解汽车尾气的智能铺面[18–20]。

10.4.2 技术内容

汽车尾气的降解通常采用光催化法。光催化氧化的催化剂为 n 型半导体,在已研究过的 n 型半导体中,纳米 TiO_2 由于化学性质稳定,且性能优良而被广泛采用[21]。纳米 TiO_2 在铺面工程中的应用主要有三种情况:①添加于沥青混凝土中,应用于沥青路面的上面层[22, 23];②制备纳米二氧化钛浆液,涂敷于水泥混凝土路面表层[24];③添加于涂料中,涂覆于道路附属设施,如水泥防撞护栏等[25]。

(1)应用于沥青路面

纳米二氧化钛呈粉末状,其应用于沥青路面时需解决添加方式和添加剂量问题,选择合适的混合料类型和添加方式是确保其效果的关键。和常规沥青面层相比,其应用于超薄磨耗层、微表处等薄层中将具有较好的经济性,但其耐久性会受到制约,所以需平衡经济性和耐久性问题。

（2）应用于水泥路面

在水泥混凝土养生过程中向其表面喷洒二氧化钛水性浆液，使纳米二氧化钛在水泥水化过程中牢固结合于表层。此方法的缺陷是水泥路面黏附的纳米二氧化钛粉末较易剥落，无法长期保持路面的光催化功能[24]。因此，寻找合适的载体或添加方法，延长其降解尾气的功能寿命是主要的技术内容。

（3）应用于水泥防撞护栏等附属设施

目前，市场上有多种可应用于混凝土表面的涂料，如溶剂型涂料、粉末型涂料和水溶性涂料等。选择合适的涂料类型作为载体制备纳米涂料，研究其制备工艺和涂覆工艺是确保其效果的关键。

10.4.3 技术现状与趋势

20世纪60年代开始，美国、欧洲、日本等发达国家和地区为了解决共同面临的汽车尾气污染问题，相继投入大量资金和人力进行光催化技术研究试验。日本率先研制出一种以二氧化钛为催化剂的光触媒材料，研究表明，在光照条件下，二氧化钛可变为催化剂，能激发空气中的氧原子与汽车排放的一氧化碳CO、碳氢化合物CH和氮氧化物NOx等发生化学反应，将其分解为相应的碳酸盐和硝酸盐，然后被路面上其他物质吸收，下雨天即可随雨水冲走；而且二氧化钛本身并不消耗，不会因使用时间长而效能下降[26]。因此，国内外不少学者对此进行了研究。但因其成本较高，应用场合受限，目前仅限于少量试验性应用。同济大学曾在浦东中环和崇明生态道路建设中应用了此技术，试验观测结果表明，在沥青混合料中加入一定量的二氧化钛，确实具有良好的降解汽车尾气的效果[27]。研究中发现，大空隙OGFC级配的沥青混合料降解效果明显好于SMA和AC级配的沥青混合料。因此，将光催化技术与温拌技术、OGFC排水、降噪路面技术相结合，可达到施工过程减排、营运过程排水、降噪及吸收汽车尾气等良好环保效果。此外，同济大学的研究还发现电气石的压电性与热电性对纳米TiO_2催化活性具有促进作用[28]。未来的发展趋势应是在提高纳米TiO_2分解效率、减少其用量和增强其耐久性上。

10.5 面向智能铺面的固废主动消化技术

10.5.1 技术背景

与传统经济"资源—产品—废弃物"所构成的单向物质流动模式不同，循环经济倡导一种"资源—产品—废弃物—再生资源"的循环式物质流动模式。目前固体废弃物处理已经成为一个社会问题，将其合理有效的利用符合我国经济社会可持续发展的要求。随着科技的进步，各种新型路面材料、智能铺面技术不断发展创新。道路作为重要的交通基础设施，在承担交通功能的同时还具有消化固体废弃物的潜能，通过应用智能材料和技术让路面结构具备能量收集、自调节、自愈合、自诊断、信息交互等功能。

肖飞鹏 博士

美国注册土木工程师
同济大学，教授，博士生导师
电子邮件：fpxiao@tongji.edu.cn
主要从事道路工程材料领域的科研工作，包括沥青基材料、节能环保材料、纳米和生物沥青技术、新型聚合物改性材料技术研究。

通过对固体废弃物的收集、分类、加工，使其可以成为道路施工中的原材料，替代原先道路施工中所采购的原材料，实现"变废为宝"，一方面提高了工程项目的经济效益，另一方面解决了固体废弃物处理与环境保护的尖锐矛盾，创建了绿色环保、节能减排的社会新面貌。

10.5.2 技术现状与趋势

目前在智能铺面中合理利用固体废弃物已然成为一种趋势，主要的固废主动消化技术有以下几类：

（1）分选技术：利用物料的某些性状方面的差异，将其分离。

（2）破碎技术：主要有冲击破碎、剪切破碎、挤压破碎、摩擦破碎等，针对不同固体废弃物采用不同的破碎技术。

（3）固化处理技术：向废弃物中添加固化基材，使有害固体废物固定或包容在惰性固化基材中的一种无害化处理过程，经过处理的固化产物应具有良好的抗渗透性、良好的机械性以及抗浸出性、抗干湿和抗冻融特性。

（4）生物处理技术：利用微生物对有机固体废物的分解作用使其无害化，这可以是固化废物资源化有效的技术方法，也可以用来对道路路基等方面进行加固处理。

（5）微波处理技术：通过微波发生器将微波能辐射到固体废弃物上，利用微波技术的热效应使微波场中的固体废弃物在极短的时间内迅速升温营造出裂解环境，从而将固体废弃物的高分子碳链断开，形成具有低分子碳链的裂解气、裂解油以及炭黑等具有再利用价值的物质。主要用于废旧橡胶轮胎、废旧塑料、废旧纤维素等固体废弃物的处理[29-31]。

（6）智能化技术：根据固体废弃物的结构与性能特征，可以将其全部或部分作为基材，附上相应的智能模块（传感器、压电换能器、热电换能器等），这可以是固体废弃物智能化运用的技术手段，但需要以上述几种技术为依托。

10.5.3 技术内容

从智能铺面技术未来发展角度考虑，智能铺面所用材料及结构类型均会有重要革新，而这些材料均可以从固体废弃物中进行开发和利用[32]，有针对性地将固体废弃物通过物理、化学、生物等技术进行处理，将其变废为宝，应用在智能铺面中是一种绿色环保且行之有效的途径。现阶段固体废弃物在道路工程中的应用方式如表10-1所示，其大多数应用途径是作为铺面材料的集料与添加剂。图10-1给出的例子为废旧橡胶轮胎破碎后通过低温等离子表面处理技术，实现了存储稳定性的提升。图10-2给出的例子为废旧橡胶粉表面酸处理后的官能团变化与表面形貌变化。因此，固体废弃物通过表中对应的技术处理之后，不仅可以作为合适的筑路材料，用于道路建设的路堤填筑、基层、路面结构等部位，还可以实现沥青、水泥等传统胶黏材料性能的改进与增强，更进一步将固体废弃物通过智能化处理并合理应用到新型智能铺面结构当中，能够最大化利用资源，满足城市可持续发展的要求[33]。

表 10-1 道路工程中固体废物的主动应用方式

固体废弃物种类	加工工艺	应用方式	应用途径
建筑垃圾	回收、除杂、破碎、筛分	水泥稳定碎石	填料，再生集料
煤矸石	包裹聚乙烯醇和石灰	水泥稳定碎石	再生集料
粉煤灰	—	二灰碎石、二灰砂砾、水泥	填料，再生集料
钢渣	除杂、破碎、筛分、研磨	集料	填料，集料
高炉炉渣	除杂、破碎、筛分、研磨	级配砂石、碎石	填料、集料、水泥添加剂
铁矿矿尾	回收、除杂、破碎、筛分	水泥稳定碎石、沥青混凝土	填料，再生集料
废弃轮胎	回收、破碎、筛分、表面处理	橡胶沥青	填料、改性沥青
废塑料	回收、破碎、筛分	改性沥青	填料、改性沥青
碎玻璃	回收、除杂、破碎、筛分	水泥稳定碎石、沥青混凝土	填料，再生集料
废旧沥青混合料	破碎、回收、压碎	再生沥青混凝土	厂拌热再生、就地热再生、冷再生
废旧屋顶沥青	回收、破碎、筛分	改性沥青	沥青混合料的添加剂
废旧水泥混凝土	压碎、除杂	粗骨料、水泥混凝土	粗骨料、高质量基层和底基层

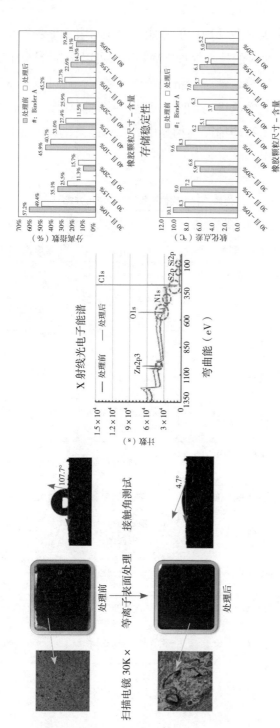

图 10-1 废旧胶粉等离子表面处理后性能变化

智能铺面的生态与环境

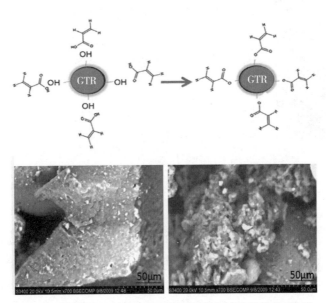

图 10-2 废旧胶粉表面酸处理后表面官能团变化及其表面特征

注：本图参考自
Kocevski S, Yagneswaran S, Xiao F, et al. Surface modified ground rubber tire by grafting acrylic acid for paving applications[J]. Construction and Building Materials, 2012, 34: 83–90.

10.6 智能铺面的雨洪及水污染主动控制技术

10.6.1 技术背景

传统的不透水路面中排水通道通常与暴雨雨水收集系统相连，雨水径流不能被附近的土壤所吸收，因此未经处治的土壤天然过滤的降水会污染邻近的水源及河流等的水体，使得河水温度升高，影响高温度敏感性生物的生存。当降雨量较大时，暴雨雨水收集系统可能会出现雨水溢出等问题，这使得未得到收集的雨水在路面形成大量地表径流，并可能导致洪水内涝和冲刷侵蚀现象。此外，传统城市排水系统存在污水处理

李 辉 博士

同济大学，教授，博士生导师
电子邮箱：hli@tongji.edu.cn
主要从事可持续道路工程领域的科研与教学工作，包括海绵城市透水铺装、凉爽路面等功能性铺装、城市低影响开发、可持续交通基础设施技术与评价等。

系统过度集中、污水收集系统建设相对滞后的缺陷，从而导致地表径流污水处理的经济性低，地表径流污水普遍未经处理就直接排入城市受纳水体，对环境和经济造成影响。然而，典型的暴雨处理方案，如生物滞留池、蓄水池等，很容易受到空间受限区域的制约（比如高密度的已建城市区域）。因此，道路表面雨洪管理和水污染的主动控制技术需要有创新的方案[35, 36]。

10.6.2 技术现状及趋势

目前国内外铺面的雨洪管理和水污染主动控制技术主要采用透水路面铺装和透水路肩两种方式。透水路面和透水路肩的铺装可以汇集和储存径流，减少地表径流和城市内涝，并可以通过多孔结构的过滤渗透作用降低雨水中的污染物，就地补给地下水，是有效进行雨洪管理和降低水污染的方法。当前研究成果表明，透水路面对径流的衰减率为50%~93%，对总固体悬浮物（TSS）、总磷含量（TP）、氨含量（NH3—N）、总克氏氮（TKN）、铜、铅锌的去除率分别为58%~94%、10%~78%、>75%、20%~99%、74%~99%、73%~99%；还可以通过降低池塘和洼地的水位来更有效地利用土地[37-41]。然而由于全透水式路面材料性能及生产施工技术要求高、后期养护维修不便等方面原因，致使国内推广应用并不理想，目前迫切需要解决这些存在的问题，研究应用难点。

10.6.3 技术内容

透水铺装路面包括：透水沥青混凝土路面、透水水泥混凝土路面、透水铺砖、植草铺装等。这些透水铺装结构在美国、日本、荷兰等国家应用较为广泛，不仅可以用于路面行车道，而且可以用于行车道外的路肩以及人行道和停车场区域。植草铺面则常用于低容量交通路面中，其中以停车场为主。

（1）透水沥青混凝土、透水水泥混凝土、透水铺砖（图 10-3）

透水水泥混凝土和透水性沥青路面中细集料含量较少，因此具有较大的孔隙率。随着透水型铺装孔隙率的增加，雨水可以透过路面进入到水稳定性较好的基层/储水层中，来储存设计中预期的降水，并且当补充地下水位时，储水层中的水分可以渗入土中以减少径流。透水砖优点是不积水、排水快、抗压性强、方便回收、多次使用。路基土中的土壤的天然过滤作用过滤掉大部分颗粒状无机污染物和有机污染物，但是可能会因为溶解了污染物而增加地下水遭受污染的风险，因此目前不推荐在邻近饮用地下水源附近建造透水路面[42-45]。

a)   b)   c)

图 10-3 透水沥青混凝土、透水水泥混凝土、透水铺砖

（2）植草铺面（图 10-4）

植草铺面使用格栅式混凝土、塑料或者金属来提供力学稳定性，同时建议在格栅中种植植被。植被可以使暴雨雨水径流较为自然地渗透汇集，并且外观相对硬质路面来说更具有吸引力。植草铺面具有可与传统路面相比较的承载能力，但是通常用于轻交通量的条件下，如林间小路、

停车场、住宅区道路和小路等，以确保对植被造成最小的破坏。此外，植草铺面特别适合于夏季湿度适宜的气候区，这样可以保证植被较高的存活率。

图 10-4　植草铺面

本章参考文献

[1] Jones D, Kociolek A, Surdahl R, et al. Unpaved road dust management, a successful practitioner's handbook[J]. Computer Aided Chemical Engineering. 2013, 32(41) : 613-618.

[2] Bolander P. Chemical Additives for Dust Control What We Have Used and What We Have Learned[J]. Transportation Research Record Journal of the Transportation Research Board, 1997, 1589(1) : 42-49.

[3] Bolander P, Yamada A. Dust Palliative Selection and Application Guide[J]. Environmental Impacts, 1999.

[4] Science H. Road Materials and Pavement Design[J]. Road Materials & Pavement Design, 2011.

[5] 张镇，刘黎萍，汤文. Evotherm 温拌沥青混合料性能研究 [J]. 建筑材料学报，2009，12(04)：438-441.

[6] 秦永春，黄颂昌，徐剑，等. 基于表面活性剂的温拌 SMA 混合料性能 [J]. 建筑材料学报，2010，13(01)：32-35.

[7] Wu SH, Zhang WG, Shen SH, et al. *Field-aged asphalt binder performance evaluation for Evotherm warm mix asphalt: Comparisons with hot mix asphalt*[J]. Construction and Building Materials, 2017. 156: p. 574–583.

[8] 张争奇，宋亮亮，陈飞. 不同温拌剂对沥青混合料性能影响研究 [J]. 武汉理工大学学报，2014，36(03)：53-58.

[9] Liu LP, Gao XF, Xu ZC, et al. *Study on integrated application and durability of two warm-mix*

asphalt techniques[R]. in 12th International Conference on Asphalt Pavements, ISAP 2014, June 1, 2014 – June 5, 2014. Raleigh, NC, United states: Taylor and Francis – Balkema.

[10] Hasan MRM, You ZP, Yang X. *A comprehensive review of theory, development, and implementation of warm mix asphalt using foaming techniques*[J]. Construction and Building Materials, 2017. 152: p. 115–133.

[11] Capitao SD, Picado-Santos LG, Martinho F. *Pavement engineering materials: Review on the use of warm-mix asphalt*[J]. Construction and Building Materials, 2012. 36: p. 1016–1024.

[12] 江涛. 冷再生沥青混合料用于重交路面改建时若干关键问题研究[D]. 同济大学，2008.

[13] Xu SY, Xiao FP, Amirkhanian S, et al. *Moisture characteristics of mixtures with warm mix asphalt technologies - A review*[J]. Construction and Building Materials, 2017. 142: p. 148–161.

[14] 李波，王永宁，吕镇锋，等. 温拌沥青混合料及其结合料短期老化后的水敏感性[J]. 中国公路学报，2017，30(10)：39-44+52.

[15] 叶奋，王宝松，贾晓阳，等. 成型温度对温拌沥青混合料水稳定性的影响[J]. 建筑材料学报，2009，12(03)：302-305+309.

[16] Sengoz B, Topal A, Oner J, et al. *Performance Evaluation of Warm Mix Asphalt Mixtures with Recycled Asphalt Pavement*[J]. Periodica Polytechnica–Civil Engineering, 2017. 61(1): p. 117–127.

[17] 孙斌. 乳化沥青厂拌冷再生混合料设计方法的优化与工艺研究[D]. 同济大学，2018.

[18] 赵联芳. 路面材料负载纳米 TiO_2 光催化降解氮氧化物研究[D]. 东南大学，2004.

[19] 魏鹏. 可降解汽车尾气的沥青混合料路面研究[D]. 哈尔滨工业大学，2008.

[20] 叶超，陈华鑫，王闯. 纳米二氧化钛改性沥青混合料路用性能研究[J]. 中外公路，2010，30(3)：315-318.

[21] 宋承辉，刘希真. 二氧化钛光催化氧化机理及杀菌效果[J]. 中国消毒学杂志. 2001，18(3)：169-173.

[22] 李剑飞，刘黎萍，孙立军. 纳米二氧化钛对汽车尾气中碳氢化合物 HC 分解效果研究[J]. 公路工程. 2010，35(2)：151-155.

[23] 孙立军，徐海铭，李剑飞，等. 纳米二氧化钛处治汽车尾气效果与应用方法的研究[J]. 公路交通科技. 2011，28(4)：153-158.

[24] 李丽，钱春香. 南京长江三桥光催化功能性混凝土路去除汽车排放氮氧化物的研究[J]. 河南科技大学学报(自然科学版). 2009，30(1)：49-52，68.

[25] 王晓伦. 纳米涂料的制备、涂刷工艺及分解尾气效果研究[D]. 同济大学，2012.

[26] 日本研制出能吸收氮氧化物的路面材料[J]. 交通世界，2003：2，p20.

[27] 徐海铭，刘黎萍，孙立军，等. 纳米二氧化钛在实际道路工程中的应用[J]. 公路工程. 2011，36（4）：189-192，198.

[28] 徐海铭. 纳米二氧化钛分解汽车尾气效果及电气石激发作用研究[D]. 同济大学，2012.

[29] 彭金辉，刘秉国. 微波煅烧技术及其应用[M]. 北京：科学出版社，2013：1-9.

[30] Lam S S.A review on waste to energy processes using micro-wave pyrolysis［J］. Energies, 2012, 5(10)：4209-4232.

[31] Bartoli M, Rosi L, Frediani M, et al. Depolymerization of polystyrene at reduced pressure through a microwave assisted pyrolysis[J].Journal of Analytical and Applied Pyrolysis, 2015, 113: 281-287.

[32] 黄如宝，牛衍亮，赵鸿铎，等. 道路压电能量收集技术途径与研究展望[J]. 中国公路学报，2012（06）.

[33] 张静波. 基于循环经济的工业废弃物资源化模式研究[D]. 合肥：合肥工业大学，2007.

[34] Thomas J. Van Dam, John T. Harvey, Stephen T. Muench, et al. Towards Sustainable Pavement Systems: A Reference Document. FHWA-HIF-15-002.

[35] 郝天文. 城市建设对水系的影响及可持续城市排水系统的应用[J]. 中国给水排水，2005，31

(11): 39-42.

[36] Kayhanian, M., B. Fruchtman, J. S. Gulliver, et al. Review of Highway Runoff Characteristics: Comparative Analysis and Universal Implications[J]. Water Research, 2012, 46 (20), Elsevier, Philadelphia, PA.

[37] Kayhanian, M., A. Vichare, P. G. Green, et al. Leachability of Dissolved Chromium in Asphalt and Concrete Surfacing Materials[J]. Journal of Environmental Management. 2009, 90 (11). Elsevier, Philadelphia, PA.

[38] Kayhanian, M., A. Vichare, P. G. Green, et al. Water Quality Evaluation of Leachate Produced from Pavement Specimens under Controlled Laboratory Conditions[J]. Road Materials and Pavement Design.

[39] Lau S. L., M. Kayhanian, M. K. Stenstrom. PAHs and Organic Pollutants in Highway Runoff[J]. Proceedings, First International IWA-ASPIRE Conference, Paper 7F5. Asia-Pacific Regional Group, Singapore, 2005.

[40] Ahiablame L M, Engel B A, Chaubey I. Effectiveness of Low Impact Development Practices: literature review and suggestions for future research [J]. Water, Air, and Soil Pollution, 2012, 223(7): 4253-4273.

[41] Li H., J. Harvey, J. Holland, et al. The Use of Reflective and Permeable Pavement Strategies for Heat Island Mitigation and Stormwater Management. Environmental Research Letters, 8(2013) 015023(14pp). DOI: 10.1088/1748-9326/8/1/015023.

[42] Barrett M. E, P. Kearfott, J. F. Malina. Stormwater Quality Benefits of a Porous Friction Course and its Effect on Pollutant Removal by Roadside Shoulders[J]. Water Environment Research, 2006, 78 (11), Water Environment Federation, Alexandria, VA.

[43] Barrett, M. C. Shaw. 2007. Benefits of Porous Asphalt Overlay on Storm Water Quality.

[44] Transportation Research Record 2025. Transportation Research Board, Washington, DC.

[45] Bean, Z., E. Frederick, W. Hunt, et al. Evaluation of Four Permeable Pavement Sites in Eastern North Carolina for Runoff Reduction and Water Quality Impacts[J]. Journal of Irrigation and Drainage Engineering, 2007, 133 (6), American Society of Civil Engineers, Reston, VA.

11 讨论与展望

智能铺面已经成为达成未来交通运输系统理想目标的必然发展趋势。纵观铺面的发展历史和既有的铺面技术，已有较多的技术可以纳入智能铺面的概念范畴。然而，国际上尚未紧密围绕"智能"来确立智能铺面的内涵、外延、发展方向。本书从智慧生物的基本要素出发，提出智能铺面的定义：主要面向智能网联和自动驾驶汽车，由特定的结构材料、传感网络、云雾中心、通信网络和能源系统组成，具有主动感知、自动处理、自主适应、动态交互等智能能力的铺面设施。该定义基本界定了智能铺面的架构和功能，可为现阶段描述和研究智能铺面提供参考。在未来的发展过程中可进一步扩充、完善智能铺面的定义、内涵和外延。

在智能铺面定义的基础上，本书以文献资料调查为基础，对所涉及的智能铺面的各类技术背景、内容、现状和趋势进行了分析，并评估这些技术的成熟度，列于表 11-1，以供后续制定研究、应用计划参考。

赵鸿铎 博士

同济大学，教授，博士生导师
电子邮箱：hdzhao@tongji.edu.cn
主要从事道路与机场智能铺面技术的研究。

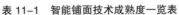

表 11-1　智能铺面技术成熟度一览表

智能铺面技术内容		技术成熟度
3. 铺面性状的主动感知技术	3.1　铺面状态感知技术	技术研发
	3.2　铺面性能感知技术	示范应用
	3.3　交通流感知技术	技术研发
	3.4　外部环境感知	示范应用
	3.5　铺面行为感知	示范应用
4. 铺面性状的自评估与诊断技术	4.1　基于导电性能的铺面材料性状检测技术	技术研发
	4.2　基于分布式光纤的路面结构性能浸入式感知技术	技术研发
	4.3　基于振动信号解析的路面表观性状检测技术	技术研发
	4.4　基于多元数据的铺面性状平台构建与分析技术	技术研发
5. 铺面性状的自主适应技术	5.1.1　铺面温度调控技术	示范应用
	5.1.2　路基湿度调控技术	示范应用
	5.2　铺面损伤的自修复技术	研发完成
	5.3　铺面的快速排水技术	形成原型
	5.4　铺面自动融雪化冰技术	研发完成
	5.5　铺面的自清洁技术	形成原型
	5.6　铺面智能新材料技术	技术研发
	5.7　铺面材料精准再生技术	形成原型
6. 铺面信息的动态交互技术	6.1　铺面与使用者的信息交互	技术研发
	6.2　铺面与车辆的信息交互	技术研发
	6.3　铺面与管理者的信息交互	技术研发
7. 智能铺面的持续供能技术	7.1　铺面设施的持续供能策略	技术研发
	7.2　道路能量收集技术	技术研发
	7.3　绿色能量的综合利用技术	示范应用
8. 面向智能网联车与主动安全的智能铺面技术	8.1　基于铺面感知的车辆导引技术	概念阶段
	8.2　瞬态抗滑能力评判与预警技术	技术研发
	8.3　车辆行驶轨迹监测与预判技术	形成原型
	8.4　交通事件的捕获与回溯技术	形成原型

续上表

智能铺面技术内容		技术成熟度
8. 面向智能网联车与主动安全的智能铺面技术	8.5 舒适度导向的网联车速度预控技术	技术研发
	8.6 铺面的智能无线充电技术	预研探索
	8.7 基于铺面感知的交通控制与诱导技术	推广应用
	8.8 车路一体化风险评估与预警技术	预研探索
9. 智能铺面的建造与管理技术	9.1 智能型铺面结构及其设计方法	预研探索
	9.2 智能铺面建养的 BIM 技术	技术研发
	9.3 智能铺面的工业化装配技术	技术研发
	9.4 德国地毯式铺装材料及工艺	预研探索
	9.5 智能铺面的 3D 打印技术	概念阶段
	9.6 智能铺面的全寿命分析管理技术	技术研发
	9.7 基于养护的智能铺面技术	预研探索
10. 智能铺面的生态与环境	10.1 智能铺面的主动减振降噪技术	预研探索
	10.2 智能铺面的粉尘抑制技术	预研探索
	10.3 智能铺面的低碳化技术	技术研发
	10.4 智能铺面的汽车尾气主动降解技术	研发完成
	10.5 面向智能铺面的固废主动消化技术	形成原型
	10.6 智能铺面的雨洪及水污染主动控制技术	形成原型

注：技术成熟度参考：1. 概念阶段；2. 预研探索；3. 技术研发；4. 形成原型；5. 研发完成；6. 示范应用；7. 推广应用等。